Kaushal Kumar
Roopsi Rathi
Shruti Gupta

Para além das fronteiras: Aproveitamento dos drones para o saneamento global

Kaushal Kumar
Roopsi Rathi
Shruti Gupta

Para além das fronteiras: Aproveitamento dos drones para o saneamento global

ScienciaScripts

Imprint

Any brand names and product names mentioned in this book are subject to trademark, brand or patent protection and are trademarks or registered trademarks of their respective holders. The use of brand names, product names, common names, trade names, product descriptions etc. even without a particular marking in this work is in no way to be construed to mean that such names may be regarded as unrestricted in respect of trademark and brand protection legislation and could thus be used by anyone.

Cover image: www.ingimage.com

This book is a translation from the original published under ISBN 978-620-7-47325-0.

Publisher:
Sciencia Scripts
is a trademark of
Dodo Books Indian Ocean Ltd. and OmniScriptum S.R.L publishing group

120 High Road, East Finchley, London, N2 9ED, United Kingdom
Str. Armeneasca 28/1, office 1, Chisinau MD-2012, Republic of Moldova, Europe
Printed at: see last page
ISBN: 978-620-7-97277-7

Índice

Resumo...2

Capítulo 1 Introdução 3

Capítulo 2 Revisão da literatura 8

Capítulo 3 Conceção do software e do hardware do drone.......................................17

Capítulo 4 Material para o reservatório, o bocal e o higienizador...........................31

Capítulo 5 Legalização e orçamentação...48

Capítulo 6 Resultados e discussão...57

Capítulo 7 Conclusão 64

Referência...67

Resumo

O objetivo deste livro é conceber um veículo aéreo não tripulado (UAV) para fins de higienização e pulverização de desinfetante. A pandemia de COVID-19 constitui uma enorme ameaça para muitas vidas em todo o mundo. A grande medida de prevenção para esta doença infecciosa é a higienização. Mas, devido à natureza da doença, a intervenção humana pode aumentar o risco de propagação da pandemia. Além disso, outros problemas, como a velocidade reduzida da higienização e o perigo de tocar na superfície infetada antes da higienização, colocam a vida humana em risco, especialmente nas zonas contaminadas. Os drones podem ser úteis para pulverizar o desinfetante a uma velocidade superior. O sistema de drones funciona segundo o princípio do impulso. O drone contém vários rotores e cada braço é fixado com os motores juntamente com a hélice que proporciona o efeito de elevação. O movimento do drone é controlado pelo transmissor e pelo recetor e a velocidade do drone é controlada pelo controlador eletrónico de velocidade. Neste livro, concebemos um drone com a mais recente tecnologia de pulverização, utilizando técnicas modernas para fins de higienização. No livro, o quadricóptero e o hexóptero são tidos em consideração para efeitos de estudo. Além disso, os diferentes materiais do tanque foram listados com demérito e méritos de acordo com a literatura disponível. Também foi preparada uma revisão sobre o bocal e os seus tipos com uma abordagem materialista e os tipos também são listados com desinfetantes e as suas propriedades para pulverização. Todos os dados foram preparados a partir da literatura disponível para que um projeto completo de higienização possa ser preparado sem menos esforços no futuro.

Capítulo 1
Introdução

Os veículos aéreos não tripulados (UAV), coloquialmente conhecidos como drones, surgiram como tecnologias transformadoras que estão a remodelar vários sectores a nível mundial. Estas plataformas aéreas, desprovidas de pilotos humanos, apresentam uma versatilidade notável, permitindo aplicações que vão desde o reconhecimento militar a actividades civis como a fotografia aérea, a agricultura e a assistência em catástrofes. A evolução da tecnologia dos drones remonta às primeiras experiências do século XX, mas foram os avanços na computação, miniaturização e comunicação que impulsionaram os UAVs para a ribalta nas últimas décadas. Inicialmente utilizados predominantemente em contextos militares para vigilância e ataques direccionados, os drones transcenderam as suas origens militares para encontrar uma utilização comercial, científica e humanitária generalizada.

Uma das aplicações mais proeminentes dos drones é no domínio da fotografia aérea e da videografia. Equipados com câmaras de alta resolução e gimbals estabilizadores, os drones revolucionaram a cinematografia, oferecendo aos cineastas e fotógrafos perspecti vas e ângulos sem precedentes. Desde filmagens de paisagens deslumbrantes a sequências de ação dinâmicas, os drones democratizaram as imagens aéreas, permitindo aos cineastas de todos os orçamentos captar imagens deslumbrantes. Além disso, em sectores como o imobiliário e a construção, os drones fornecem ferramentas inestimáveis para o levantamento de locais, monitorização do progresso e inspeção de activos, aumentando a eficiência e a segurança e reduzindo os custos.

Na agricultura, os drones estão a transformar as práticas agrícolas tradicionais, dando início à era da agricultura de precisão. Ao transportarem sensores e câmaras, os drones recolhem dados sobre a saúde das culturas, os níveis de humidade do solo e as infestações de pragas, permitindo aos agricultores tomar decisões baseadas em dados em tempo real. Esta abordagem direccionada à agricultura optimiza a utilização dos recursos, minimiza o impacto ambiental e maximiza o rendimento das colheitas. Além disso, os drones equipados com mecanismos de pulverização oferecem uma aplicação precisa e atempada de pesticidas, fertilizantes e herbicidas, reduzindo a utilização de produtos químicos e minimizando a exposição humana.

Na gestão de catástrofes e na ajuda humanitária, os drones desempenham um papel crucial na resposta rápida e no reconhecimento. No rescaldo de catástrofes naturais, como terramotos, furacões ou inundações, os drones proporcionam um conhecimento vital da situação, realizando levantamentos aéreos das áreas afectadas. Estas avaliações aéreas ajudam as equipas de emergência a identificar os perigos, avaliar os danos nas infra-estruturas e localizar sobreviventes em terrenos inacessíveis ou perigosos. Além disso, os drones equipados com sistemas de entrega de carga útil facilitam o transporte de material médico, alimentos e água para regiões remotas ou afectadas por catástrofes, ultrapassando os desafios logísticos e salvando vidas.

O sector comercial tem assistido a um aumento da adoção de drones para várias aplicações, incluindo serviços de entrega, inspeção de infra-estruturas e monitorização ambiental. Empresas como a Amazon e a UPS estão a explorar a entrega por drones como forma de acelerar o transporte de encomendas, especialmente em áreas urbanas onde o congestionamento do tráfego coloca desafios à logística tradicional. Os drones oferecem uma solução económica e eficiente para a entrega na última milha, revolucionando potencialmente a indústria do comércio eletrónico. Além disso, as tarefas de inspeção de infra-estruturas, como a avaliação de pontes, linhas eléctricas e condutas, tradicionalmente realizadas por inspecções manuais ou por helicópteros tripulados, são agora realizadas de forma segura e económica com drones equipados com câmaras de alta resolução e sensores LiDAR.

No entanto, a proliferação de drones também suscita preocupações em matéria de segurança, privacidade e regulamentação. As operações de drones não regulamentadas apresentam riscos de colisões em pleno ar com aeronaves tripuladas, pondo em perigo vidas e bens. Para mitigar esses riscos, as autoridades reguladoras de todo o mundo implementaram regulamentos sobre o espaço aéreo, requisitos de registo e mecanismos de delimitação geográfica para regular as operações de drones. As preocupações com a privacidade também surgiram, uma vez que os drones equipados com câmaras podem infringir os direitos de privacidade dos indivíduos ao captarem imagens sensíveis ou intrusivas sem consentimento. Equilibrar os benefícios da tecnologia dos drones com as salvaguardas da privacidade continua a ser um desafio para os decisores políticos e as entidades reguladoras.

Além disso, a utilização maliciosa de drones para actividades nefastas como a espionagem, o contrabando ou os ataques terroristas sublinha a importância de medidas robustas de combate aos drones. Os governos e as agências de segurança estão a investir em tecnologias como sistemas de deteção de drones, dispositivos de interferência de sinal e drones anti-drones para mitigar as ameaças colocadas por UAVs desonestos. Além disso, a investigação sobre enxames de drones autónomos levanta questões éticas relativamente à utilização da inteligência artificial em operações militares e ao potencial para consequências não intencionais ou escalada de conflitos.

Olhando para o futuro, o futuro da tecnologia dos drones promete novos avanços em termos de autonomia, capacidade de carga útil e resistência, expandindo o âmbito das aplicações em todos os sectores. Os avanços na tecnologia das baterias e nos sistemas de propulsão estão a prolongar os tempos de voo dos drones, permitindo missões mais longas e um maior alcance operacional. Além disso, a integração da inteligência artificial e dos algoritmos de aprendizagem automática dota os drones de capacidades avançadas, como a navegação autónoma, a deteção de objectos e a tomada de decisões, abrindo caminho a sistemas aéreos totalmente autónomos. No entanto, à medida que os drones continuam a evoluir e a proliferar, a resolução de questões regulamentares, éticas e sociais será fundamental para a realização de todo o potencial desta tecnologia disruptiva, assegurando simultaneamente uma integração responsável e segura na nossa vida quotidiana.

1.1 Sanitização de drones

A higienização por drones, também conhecida como desinfeção aérea, surgiu como uma aplicação de ponta da tecnologia de drones em resposta à pandemia global de COVID-19 e à necessidade de medidas de higienização eficazes. Aproveitando a agilidade e versatilidade dos drones, os esforços de higienização foram revolucionados, oferecendo soluções eficientes e escaláveis para a desinfeção de grandes áreas, incluindo espaços públicos, centros de transporte e instalações de saúde.

Uma das principais vantagens da higienização com drones é a capacidade de cobrir vastas áreas rapidamente e com o mínimo de intervenção humana. Equipados com mecanismos de pulverização ou dispositivos de nebulização, os drones podem dispersar soluções desinfectantes em grandes áreas exteriores ou espaços interiores com precisão e consistência. Esta capacidade é particularmente valiosa em áreas urbanas densamente povoadas, onde os métodos de desinfeção manual são demorados, trabalhosos e podem representar riscos para os trabalhadores do saneamento.

Além disso, a higienização por drones oferece vantagens significativas para alcançar áreas inacessíveis ou perigosas. Em terrenos acidentados ou em regiões afectadas por catástrofes, onde o equipamento de higienização tradicional pode ter dificuldade em funcionar eficazmente, os drones podem navegar com facilidade, aplicando sprays desinfectantes em áreas que, de outra forma, seriam difíceis de alcançar. Esta capacidade aumenta a resiliência dos esforços de saneamento em cenários de resposta a emergências, ajudando a conter a propagação de doenças infecciosas e a salvaguardar a saúde pública.

Além disso, a higienização baseada em drones é inerentemente mais segura e mais amiga do ambiente em comparação com os métodos convencionais. Ao minimizar o contacto ao nível do solo e ao reduzir a necessidade de grandes veículos ou maquinaria pesada, os drones reduzem o risco de exposição acidental a desinfectantes e poluentes. Além disso, o controlo preciso e a aplicação direccionada de sprays desinfectantes por drones minimizam a utilização de produtos químicos e o impacto ambiental, alinhando-se com os objectivos de sustentabilidade e minimizando os danos aos ecossistemas.

Em ambientes de cuidados de saúde, a higienização por drones é promissora para melhorar as medidas de controlo de infecções e reduzir o risco de transmissão nosocomial. Hospitais, clínicas e instalações de cuidados prolongados podem beneficiar da desinfeção aérea regular dos quartos dos doentes, das áreas de espera e das superfícies de elevado contacto, complementando os protocolos de limpeza existentes e reduzindo a probabilidade de infecções associadas aos cuidados de saúde. Além disso, os drones equipados com câmaras ou sensores de imagem térmica podem ser utilizados para monitorizar em tempo real a temperatura corporal ou a qualidade do ar, permitindo a deteção precoce de potenciais riscos para a saúde e uma intervenção proactiva.

No entanto, a adoção generalizada da higienização por drones não está isenta de desafios e considerações. A conformidade regulamentar, as normas de segurança e as directrizes operacionais devem ser estabelecidas para garantir a utilização segura e responsável dos drones para fins de higienização. Além disso, as preocupações relativas à eficácia dos métodos de desinfeção, à seleção de desinfectantes adequados e ao potencial desenvolvimento de resistência antimicrobiana justificam mais investigação e avaliação.

Além disso, a aceitação e a sensibilização do público para as iniciativas de desinfeção baseadas em drones são essenciais para uma implementação bem-sucedida. Campanhas de educação, esforços de envolvimento da comunidade e comunicação transparente sobre os benefícios e limitações da higienização por drones podem ajudar a promover a confiança e a aceitação entre as partes interessadas. A colaboração entre agências governamentais, parceiros da indústria e comunidades locais é crucial para o desenvolvimento de estratégias e protocolos abrangentes para a integração de drones nas estruturas de saneamento existentes.

Em conclusão, a higienização por drones representa uma inovação promissora no campo da saúde pública e do saneamento, oferecendo soluções eficientes, escaláveis e amigas do ambiente para a desinfeção de diversos ambientes. À medida que a tecnologia continua a evoluir e os quadros regulamentares amadurecem, a higienização baseada em drones tem o potencial de se tornar uma componente integral dos esforços globais para combater doenças infecciosas, mitigar os riscos para a saúde e promover ambientes seguros e saudáveis para todos.

Capítulo 2
Revisão da literatura

A desinfeção baseada em drones tem atraído uma atenção significativa como uma nova abordagem para combater a propagação de doenças infecciosas, particularmente na sequência da pandemia da COVID-19. Esta revisão da literatura visa aprofundar os avanços, os desafios e as perspectivas futuras da utilização de drones para a desinfeção aérea. Ao examinar uma vasta gama de artigos académicos, trabalhos de investigação e relatórios da indústria, esta revisão fornece uma visão abrangente da evolução das técnicas de higienização baseadas em drones, a eficácia de vários desinfectantes e métodos de entrega, quadros regulamentares, considerações de segurança e direcções futuras para a investigação e inovação. Através desta exploração, pretendemos lançar luz sobre o potencial da higienização baseada em drones no reforço dos esforços de saúde pública e na mitigação do impacto das doenças infecciosas a uma escala global.

A evolução da desinfeção baseada em drones pode ser rastreada até às primeiras experiências com veículos aéreos não tripulados (UAVs) para pulverização de pesticidas em ambientes agrícolas. No entanto, só nos últimos anos é que a aplicação de drones para desinfeção aérea ganhou força significativa, impulsionada pelos avanços na tecnologia dos drones, miniaturização e automação. Atualmente, os drones equipados com mecanismos de pulverização tornaram-se ferramentas indispensáveis em vários sectores, incluindo a saúde pública, a agricultura e a resposta a emergências.

Um aspeto crítico da sanitização baseada em drones reside na seleção e eficácia dos desinfectantes utilizados no processo. A investigação demonstrou que diferentes tipos de desinfectantes, incluindo soluções aquosas, formulações à base de álcool e concentrados químicos, apresentam diferentes graus de eficácia contra agentes patogénicos como bactérias e vírus. Além disso, o método de distribuição e a tecnologia dos bicos desempenham um papel crucial na determinação da uniformidade e cobertura da dispersão do desinfetante. Os bicos ajustáveis, os sistemas de controlo de precisão e os padrões de pulverização optimizados contribuem para a obtenção de resultados óptimos nas operações de desinfeção aérea.

Embora a desinfeção baseada em drones ofereça várias vantagens em relação aos métodos tradicionais, incluindo eficiência, escalabilidade e redução da exposição humana a produtos químicos perigosos, também apresenta desafios e considerações únicas. A conformidade regulamentar, os protocolos de segurança e as avaliações de impacto ambiental são fundamentais para garantir a utilização responsável e ética dos drones para a desinfeção aérea. Os quadros regulamentares que regem as operações com drones variam consoante as jurisdições, necessitando de directrizes e normas claras para iniciativas de desinfeção baseadas em drones.

Além disso, as considerações de segurança, incluindo o risco de exposição química para os operadores e transeuntes, bem como o potencial impacto ambiental do escoamento do desinfetante, devem ser cuidadosamente abordadas. Avaliações de risco abrangentes, programas de formação em segurança e medidas de monitorização ambiental são essenciais para mitigar os riscos potenciais associados às operações de desinfeção com drones. Para além disso, as considerações éticas, como as preocupações com a privacidade e a aceitação da comunidade, devem ser tidas em conta para promover a confiança e a transparência nas iniciativas de higienização com drones.

Apesar destes desafios, a higienização baseada em drones é uma promessa imensa para revolucionar as práticas de saúde pública e mitigar a propagação de doenças infecciosas. São necessários esforços futuros de investigação e desenvolvimento para otimizar ainda mais a tecnologia dos drones, melhorar os protocolos de desinfeção e abordar as questões regulamentares e de segurança. A colaboração entre agências governamentais, parceiros da indústria, investigadores académicos e organizações da sociedade civil é crucial para o avanço do campo da higienização baseada em drones e para a realização de todo o seu potencial na salvaguarda da saúde pública e do bem-estar.

Em conclusão, a higienização baseada em drones representa uma abordagem transformadora para combater doenças infecciosas e reforçar os esforços de saúde pública. Ao alavancar as capacidades dos veículos aéreos não tripulados (UAVs) e os avanços na tecnologia de desinfeção, a higienização baseada em drones oferece soluções eficientes, escaláveis e amigas do ambiente para a desinfeção aérea. No entanto, a abordagem das considerações regulamentares, de segurança e éticas é fundamental para garantir a utilização responsável e eficaz dos drones para fins de desinfeção. Com investigação, inovação e colaboração contínuas, a desinfeção baseada em drones tem o potencial de se tornar uma pedra angular das práticas modernas de saúde pública, contribuindo para comunidades mais saudáveis e seguras em todo o mundo

2.1 Veículo Ariel não tripulado

A origem dos UAV começa com balões carregados de explosivos para atingir a cidade de Veneza, desenvolvidos pela Áustria em 1849. Mas os investigadores referem que, por volta de 1916, foram efectuadas as primeiras experiências semi-automáticas com o chamado "torpedo aéreo" e, no mesmo ano, os irmãos Wright, Hewitt-Sperry, introduziram também o avião automático. Além disso, em 1933, os drones designados por "Queen Bee" foram aplicados em práticas de artilharia pela Marinha Real. Como aplicação militar ou nova tecnologia, estes faziam parte da Força Aérea dos Estados Unidos utilizada na guerra do Vietname e também foram alvo de ataques egípcios por Israel na guerra de 1973. Mais tarde, o avanço da tecnologia tornou-os uma parte fundamental das forças armadas. No entanto, o potencial de mapeamento dos UAV foi revelado no final dos anos oitenta por diferentes investigadores [1-2].

Um veículo aéreo sem intervenção humana que opera com controlo remoto e transporta cargas úteis é caracterizado como drones ou Unmanned Ariel Vehicle UAV [3]. Como o nome indica, eliminam os operadores dos tabuleiros e permitem novas modalidades de exercícios. No entanto, mísseis balísticos, de cruzeiro e de artilharia, torpedos e veículos satélites com características semelhantes não podem ser considerados drones [4]. Os avanços tecnológicos, como a fabricação, a navegação celeste, a maior largura de banda, as capacidades de controlo remoto e a reserva de energia, facilitam o acesso aos drones em locais onde a presença humana é terrível ou perigosa [5,6].

Basicamente, os drones podem ser classificados com base em diferentes plataformas, missões e parâmetros. Watts et al. [7] classificaram os drones com base em características como tamanho, resistência ao voo e capacidades. Em suas classificações de drones, eles os classificaram como MAVs (Micro ou Miniature Air Vehicles), NAVs (Nano Air Vehicles), VTOL (Vertical Take-Off & Landing) e drones com base na altitude e resistência como LASE (Low Altitude, Short-Endurance), LALE (Low Altitude, Long Endurance), MALE (Medium Altitude, Long Endurance) e HALE (High Altitude, Long Endurance). Os investigadores [8-11] classificaram os drones com base no peso como nano, micro, mini, pequenos, tácticos, HALE/MALE/drones de ataque. [12-14] O investigador sugeriu também a classificação dos drones com base no seu alcance de voo. Um trabalho semelhante foi destacado com seis subcategorias, tais como curto alcance, curto alcance, médio alcance, longo alcance, resistência e longa resistência a média altitude [15]. Também se observou que os drones podem ser classificados com base na finalidade operacional, no material de fabrico, na complexidade e no custo do sistema de controlo [16]. Hoje em dia, a tecnologia aumenta o interesse dos investigadores em fabricar UAV para descolagem vertical, aterragem e voo pairado. [17-18]

Os investigadores classificaram os drones como sendo de rotor único, rotor coaxial, rotor em tandem e quadri-rotor. O conceito de asa também distinguiu os UAVs como asa rotativa e asa fixa [19, 20].

Para além de outros parâmetros, as diferentes categorias de sistemas de propulsão permitem classificar os drones ou, por outras palavras, os drones são classificados com base no tipo de motor [21]. Por exemplo, motores a combustível e motores eléctricos. O novo conceito de propulsão das máquinas voadoras de inspiração biológica, com propulsão de recuo, também é classificado como UAV não convencional, por exemplo, o FESTO AirJelly [22]. Este drone é baseado num balão cheio de hélio e funciona com a sua unidade central de acionamento elétrico e um mecanismo adaptativo inteligente. Os drones são classificados em cinco tipos diferentes, de acordo com o seu funcionamento, designados por UGV (veículos terrestres não tripulados), UAV (veículos aéreos não tripulados), USV (veículos de superfície não tripulados (que operam à superfície da água)), UUV (veículos subaquáticos não tripulados) e USC (veículos espaciais não tripulados). Foi igualmente referido que os veículos aéreos são guiados à distância ou podem ser veículos autónomos [23]. Os investigadores também classificaram os veículos aéreos não tripulados com base na sua plataforma de trabalho como plataformas de alta e baixa altitude HAP [24] e LAP [25], respetivamente. De acordo com o relatório dos EUA, os UAV são de três categorias mencionadas no quadro 1.1[26]. O quadro 1.2 apresenta a classificação dos VANT com base nas asas fixas ou rotativas.

Tabela 2.1: Categoria de UAV com exemplos

N.º Sr.	Categoria	Mini	Tático	Estratégico
1	Altitude	Baixa	Baixa a média	Médio a elevado
2	Resistência	Curto (cerca de uma hora)	Médio (até várias horas)	Longo (de horas a dia)
3	Gama	Distância curta	Limitado à linha de visão	Longo alcance
4	Exemplo	Corvo	Sombra	Global Hawk

[1-27] Os investigadores classificam os drones com base em diferentes plataformas e parâmetros, centrando-se também em várias vantagens, como o peso leve, a ausência de piloto, o custo mais baixo, a capacidade de carga útil, o tempo de arranque menor ou mínimo, etc. Estes méritos permitem que os drones se tornem uma área de interesse em diferentes aplicações

governamentais e comerciais. A breve aplicação dos drones para além das aplicações militares foi discutida na secção seguinte, com o respetivo âmbito futuro.

Tabela 2.2: Especificações do UAV privado [27]

	UAV de asa fixa			UAV de asa rotativa		
Nome do pvt. UAV	eBee	UX5	maverico	hantom2	eXom	Inspirar1
Peso (Kg)	0.69	2.20	1.16	1.24	1.80	2.94
Envergadura (cm)	96.0	100.00	74.9	35.0	56.0	55.9
Tempo de voo (min)	50	45	45-60	25	22	18
Velocidade de cruzeiro (Km/h)	40-90	80	34-101	54	28.8-43.2	79.2

2.2 Aplicações

A melhoria regular da tecnologia dos drones tem tido um impacto significativo a nível mundial em termos de vida social, económica e pessoal. Em vez da aplicação militar [3,5,6,11], a utilização de drones comerciais generalizou-se nos últimos cinco anos, propondo uma forma alternativa de recolha e partilha de informações, entrega de produtos e numerosos serviços em comparação com a forma tradicional. Durante a última década, foram iniciadas várias investigações sobre a aplicação de drones, especialmente no domínio AEC (Agricultura, Engenharia, Civil) [28]. Tendo em conta o número de estudos sobre a aplicação de drones na investigação, estes têm lugar em todo o mundo. No entanto, o ano de 2008-09 tem menos publicações de investigação em comparação com o ano de 2014, que foi registado como o maior número de publicações no domínio da AEC. Depois disso, a taxa de publicação de investigação está a aumentar regularmente, como mostra a figura 1. Este aumento reflecte o interesse crescente dos investigadores na utilização de UAV para várias aplicações (Quadro: 1.3) no domínio da AEC.

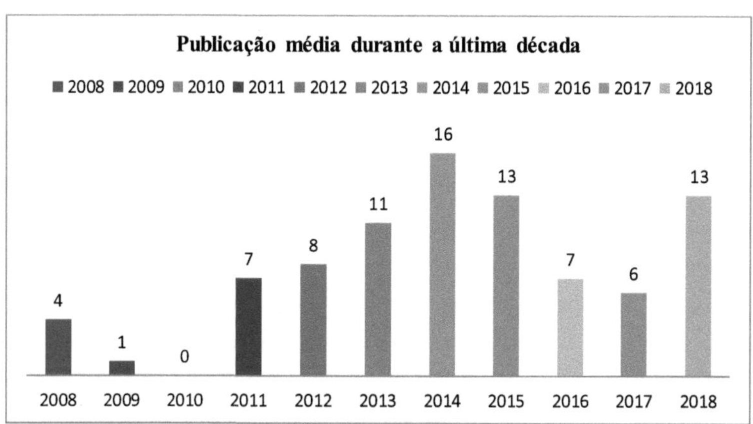

Figura 1: Publicação de investigação durante a última década no domínio da AEC [28]

Quadro 2.3: Áreas de aplicação dos UAV com exemplos [28]

Sr.No.	Área de aplicação	Exemplos
1	Inspeção de estruturas e infra-estruturas	• Inspeção de edifícios, • Inspeção de pontes • Outras inspecções (estradas, células fotovoltaicas, barragens, muros de contenção, torres de micro-ondas
2	Transporte	• Monitorização e cartografia de deslizamentos de terras • Terraplenagem • Vigilância do tráfego
3	Conservação do património cultural	• Preservação e reconstrução histórica • Monitorização dos monumentos históricos • Modelação 3D de edifícios históricos • Preservação da paisagem
4	Planeamento urbano e das cidades	• Acompanhamento da política fundiária • Levantamento cadastral • Modelação de cidades e edifícios • Atualização da cartografia
5	Acompanhamento dos progressos	• Controlo do progresso da construção • Seguimento de materiais em estaleiros complexos
6	Avaliação pós-catástrofe	• Avaliação dos danos (incluindo estruturais) das cidades/edifícios após acontecimentos catastróficos
7	Segurança na construção	• Inspeção de segurança na construção • Controlo dos riscos de segurança dos equipamentos nos estaleiros de construção

Recentemente, os drones também foram utilizados como meio de transporte direto durante a evacuação médica [29]. O drone MD4-100 é o primeiro voo de transporte comercial efectuado pela Alemanha para o transporte de medicamentos várias vezes por semana entre dois locais no interior do país [30]. O drone pode ser uma boa opção para o transporte de produtos sanguíneos [31]. Foi referido que o tempo médio de 18 voos do drone foi de 5 minutos e 21 segundos, em comparação com uma ambulância que demora 22 minutos a percorrer uma distância de 10 km na Suécia [32, 33]. Os drones dão uma melhor resposta às operações de salvamento e de busca de seres humanos em situações graves como a guerra, a violência e as catástrofes naturais, protegendo, respeitando e salvando a vida humana [34]. A tecnologia promete eliminar as limitações dos exercícios militares dos UAV ou torná-los avançados para aplicações comerciais relacionadas com a agricultura, as actividades científicas, a recreação, o serviço, a entrega de mercadorias, a fotogrametria e a exploração mineira, a civil, a monitorização e muitas outras [35]. O Japão foi considerado o primeiro país a utilizar UAV na agricultura para aplicações como a pulverização de produtos químicos [35], a monitorização das culturas [36], a estimativa da altura das culturas [37], a pulverização de pesticidas [38] e a análise dos solos e dos campos [39]. Os drones têm numerosas aplicações no sector público e privado, incluindo culturas agrícolas, meteorologia, radiodifusão e comunicação, investigação de danos durante catástrofes, fluxo de tráfego, segurança não tripulada e exploração mineira [40]. Como os drones têm tendência para se deslocarem facilmente de um local para outro, a sua utilização ganhou destaque quando empresas como a DHL Post utilizaram drones para o serviço de entrega de mercadorias aos clientes [41]. O drone não necessita de muito tempo para entrar em ação, em comparação com os veículos tripulados. Esta vantagem tornou-os aplicáveis em operações de salvamento em que cada segundo é vital [42]. Os UAV com sensores montados têm tendência a operar em plataformas tridimensionais, proporcionando segurança pública através de uma melhor monitorização e vigilância [43]. A monitorização e a deteção de manchas de incêndios florestais utilizando UAV de asa fixa com vários sensores [44]. Os UAV equipados com sensores térmicos e com a colaboração de satélites encontraram aplicações para a contagem e a marcação de animais e também para a supervisão da caça ilegal de animais selvagens e a conservação da vida selvagem [45]. A Tabela 1.4 apresenta uma lista de aplicações de veículos aéreos não tripulados da literatura disponível [1-45].

Quadro 2.4: Aplicação do drone [1-45]

N.º Sr.	Aplicação	N.º Sr.	Aplicações
1	Defesa	11	Busca e salvamento/humanidade
2	Fotografia	12	Logística
3	Agricultura	13	Controlo

4	Médico	14	Vigilância
5	Civil	15	Digitalização/Mapeamento
6	Deteção remota	16	Exploração mineira
7	Inspeção	17	Ligação à Internet sem fios
8	Silvicultura	18	3 Cartografia
9	Pescas	19	Estado do clima/relatório meteorológico
10	Vida selvagem	20	Outros

2.3 Aspectos futuros da tecnologia dos drones

Como os UAV têm muitas aplicações e áreas de interesse em todo o mundo, o mercado dos **drones** comerciais e civis está a crescer rapidamente. As novas tendências em matéria de drones constituem uma excelente oportunidade para todos os intervenientes, por exemplo, empresários, incluindo fabricantes, investidores e prestadores de serviços[46]. O valor de mercado é superior a 127 mil milhões de dólares, como mostra a figura 2. Os sectores civil e agrícola são susceptíveis de liderar o valor de mercado das utilizações dos VANT, com 45 mil milhões de dólares e 34 mil milhões de dólares, respetivamente. A Associação Internacional de Sistemas de Veículos Não Tripulados (Association for Unmanned Vehicle Systems International) também informou que, até 2025, serão criados cerca de 100 000 novos postos de trabalho no sector das aeronaves não tripuladas [47].

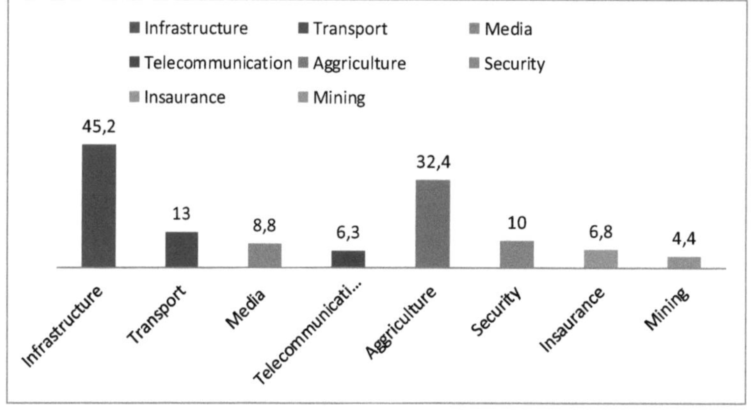

Figura 2: Valor previsto da solução UAV em sectores-chave (milhares de milhões) [46]

2.4 Drones na Índia

No final de 1990, o primeiro UAV adquirido pela Índia foi o IAI Heron de Israel. Estes encontraram aplicação como drones militares para reconhecimento durante a guerra de Kargil de 1999, quando a IAF utilizou os drones IAI Heron e Searcher. Desde então, a Índia adquiriu numerosos UAV israelitas para fins militares. Devido ao enorme potencial de crescimento, a indústria indiana, bem como o sector do mercado, encontra-se numa fase muito promissora. Prevê-se que o mercado de UAV na Índia cresça a uma taxa de crescimento anual (CAGR) de 18% durante o período de 2017 a 2023[48]. Devido à sua flexibilidade e à rápida evolução do software e do hardware, os drones encontraram aplicação em vários domínios. Alguns exemplos mais recentes são:

- Os caminhos-de-ferro indianos estão a utilizar UAS para inspeção e cartografia 3D para concretizar a sua visão de um corredor de transporte de mercadorias com uma rede de 3 360 km. Todo o corredor será cartografado com recurso à tecnologia UAS.

- A Coal India utilizou drones para controlar a extração ilegal de minério e o furto.

- A National Highways utilizou drones para fazer cartografia digital 3D para o relatório pormenorizado do projeto (DPR) de alargamento da estrada Raebareli - Allahabad Highway.

- A unidade de sangue foi transportada de um centro de saúde primário em Nandgaon para o banco de sangue do hospital distrital a 32 km de distância. O drone fez a viagem em 18 minutos, em comparação com 50-60 minutos por estrada.

- Atualmente, durante a luta contra a covid-19, têm surgido inúmeras aplicações de drones, como a entrega de alimentos, medicamentos e, sobretudo, a higienização.

- Mapeamento da área afetada por deslizamento de terras: O mapeamento da área afetada por deslizamento de terras foi efectuado a pedido da Autoridade Distrital de Gestão de Catástrofes de Nongpoh, Meghalaya, e **a construção de um modelo de terreno 3-Dimensioinal foi efectuada na mesma aldeia** [49].

- Avaliação dos danos causados por culturas infestadas: Aldeia de Naramari do distrito de Morigaon, Assam [49]

- A Pizzeria, sediada em Bombaim, tentou utilizar um veículo não tripulado para lançar pizzas nas suas imediações[50]

Capítulo 3
Conceção de software e hardware do drone

3.1 Tipos de Drones

Um "**Drone**" é basicamente um Veículo Aéreo Não Tripulado (UAV) - uma aeronave sem um piloto humano a bordo. Neste artigo, exploramos os diferentes tipos de drones existentes no mercado - alguns dos quais são apenas conceitos, enquanto a maioria dos outros já está em ação. Os "drones" podem ser classificados numa base diferente - por exemplo, com base na "utilização", como drones para fotografia, drones para cartografia aérea, drones para vigilância, etc. No entanto, a melhor classificação dos "Drones" pode ser feita com base nas plataformas aéreas. Com base no tipo de plataforma aérea utilizada, existem 4 tipos principais de drones.

- Drones multi-rotor
- Drones de asa fixa
- Helicóptero mono-rotor
- Asa fixa Híbrido VTOL

3.1.1   Drones Multi Rotor

Os drones multirotores são os tipos mais comuns de drones utilizados tanto por profissionais como por amadores. São utilizados para as aplicações mais comuns, como fotografia aérea, videovigilância aérea, etc. Estão disponíveis no mercado diferentes tipos de produtos neste segmento - digamos, drones multi-rotor para utilizações profissionais como a fotografia aérea (cujo preço pode variar entre 500USD e 3K USD) e existem muitas variantes para fins de passatempo, como corridas de drones amadores ou voos de lazer (o preço varia entre 50USD e 400USD). De todos os 4 tipos de drones (com base na plataforma aérea), os drones multi-rotor são os mais fáceis de fabricar e são também a opção mais barata disponível. Os drones multi-rotor podem ainda ser classificados com base no número de rotores na plataforma. Os mais proeminentes são o tempo de voo limitado, a resistência e a velocidade limitadas. Não são adequados para projectos de grande escala, como cartografia aérea de longa distância ou vigilância. O problema fundamental dos multicópteros é que têm de gastar uma grande parte da sua energia (possivelmente a partir de uma bateria) apenas para combater a gravidade e estabilizarem-se no ar. Atualmente, a maioria dos drones multi-rotor que existem no mercado são capazes de voar apenas 20 a 30 minutos (muitas vezes com uma carga útil mínima, como uma câmara).

3.1.1.1 Tricóptero

Existem três tipos diferentes de motores potentes dentro de um tricóptero, três controladores, quatro giroscópios e apenas um servo. Os motores são simplesmente colocados em cada extremidade de três braços e cada um deles tem um sensor de localização. Sempre que precisar de levantar o seu tricóptero, é essencial iniciar um movimento na alavanca do acelerador, o sensor giroscópio receberá imediatamente o seu sinal e passará diretamente para o controlador que ajuda a controlar a rotação do motor. Um tricóptero é capaz de se manter estabilizado no seu caminho, uma vez que está equipado com muitos sensores clássicos e material eletrónico. Não é necessário aplicar qualquer correção manual.

Figura 3: Drones multi-rotor

3.1.1.2 Quadricóptero

Quando um multirotor é concebido com quatro pás de rotor, torna-se num quadricóptero. Estes dispositivos são normalmente controlados por motores DC do tipo brushless especialmente concebidos para o efeito. Dois dos motores movem-se no sentido dos ponteiros do relógio, enquanto os outros dois funcionam no sentido contrário ao dos ponteiros do relógio. Isto ajuda a decidir uma aterragem segura para o quadricóptero. A fonte de bateria para estes dispositivos é uma bateria de polímero de lítio.

3.1.1.3 Hexacóptero

O hexacóptero pode servir para muitas aplicações potenciais com o seu mecanismo de 6 motores, em que 3 funcionam no sentido dos ponteiros do relógio e os outros três movem-se no sentido contrário ao dos ponteiros do relógio. Assim, estes dispositivos são capazes de obter maior poder de elevação em comparação com os quadricópteros. Não precisa de se preocupar com o seu mecanismo, uma vez que foi concebido para servir como uma embarcação de aterragem extremamente segura.

3.1.1.4 Octocóptero

Octo significa oito; por isso, o octocopter vai servir-lhe com os seus oito motores potentes e que enviam energia para 8 hélices funcionais. Esta embarcação tem naturalmente muitas capacidades de voo em comparação com as unidades discutidas acima e também são altamente estáveis. Pode obter uma gravação de imagens estável com octocópteros a qualquer altitude. Estes aparelhos têm aplicação no mundo da fotografia profissional.

3.1.2 Drones de asa fixa

Os drones de asa fixa são totalmente diferentes em termos de conceção e construção dos drones do tipo multi-rotor. Utilizam uma "asa" como os aviões normais que existem por aí. Ao contrário dos drones multi-rotor, os modelos de asa fixa nunca utilizam energia para se manterem à tona no ar (os drones de asa fixa não podem ficar parados no ar) lutando contra a gravidade. Em vez disso, movem-se para a frente na sua rota definida ou como definido pelo controlo de guia (possivelmente uma unidade remota operada por um humano) enquanto a sua fonte de energia o permitir.

Figura 4: Asa fixa

A maioria dos drones de asa fixa tem um tempo médio de voo de algumas horas. Os drones com motor a gás podem voar até 16 horas ou mais. Devido ao seu tempo de voo mais elevado e à eficiência do combustível, os drones de asa fixa são ideais para operações de longa distância (quer se trate de cartografia ou vigilância). As outras desvantagens dos drones de asa fixa são os custos mais elevados e a necessidade de treino para voar. Não é fácil colocar um drone de asa fixa no ar. É necessária uma "pista" ou um lançador de catapulta para colocar um drone de asa fixa no ar. Uma pista, um para-quedas ou uma rede são novamente necessários para os aterrar em segurança no solo. Por outro lado, os drones multi-rotor são baratos - qualquer pessoa com algumas centenas de dólares pode comprar um quadricóptero decente. Pilotar um quadricóptero não requer formação especial. Basta levá-lo para uma área aberta e pilotá-lo. A orientação e o controlo de um quadricóptero podem ser aprendidos em movimento.

3.1.3 Drones de um só   rotor

Os drones de rotor único são muito semelhantes em termos de design e estrutura aos helicópteros actuais. Ao contrário de um drone de rotor múltiplo, um modelo de rotor único tem apenas um rotor de tamanho grande mais um pequeno na cauda do drone para controlar a sua direção. Os drones de rotor único são muito mais eficientes do que as versões de rotor múltiplo. Têm tempos de voo mais elevados e podem até ser alimentados por motores a gás. Em aerodinâmica, quanto menor for o número de rotores, menor será a rotação do objeto. Essa é a principal razão pela qual os quadricópteros são mais estáveis do que os octocópteros. Nesse sentido, os drones de rotor único são muito mais eficientes do que os drones com vários rotores.

Figura 5: Rotor simples

No entanto, estas máquinas implicam uma complexidade e riscos operacionais muito mais elevados. Os seus custos são também mais elevados. As lâminas do rotor de grandes dimensões representam frequentemente um risco (foram registados ferimentos fatais em acidentes com helicópteros rc) se o drone for mal manuseado ou se envolver num acidente. Os drones multi-rotor, muitas vezes devido às suas pequenas lâminas de rotor, nunca estiveram envolvidos em acidentes fatais (embora seja provável que fiquem cicatrizes no corpo humano). Exigem também uma formação especial para serem pilotados corretamente (embora possam não precisar de uma pista ou de um lançador de catapulta para os colocar no ar).

3.1.   4VTOL híbrido de asa fixa

Trata-se de versões híbridas que combinam as vantagens dos modelos de asa fixa (maior autonomia de voo) com as dos modelos de rotor (pairar). Este conceito tem sido testado desde cerca dos anos 60 sem grande sucesso. No entanto, com o advento de sensores de nova geração (giroscópios e acelerómetros), este conceito ganhou nova vida e orientação.

Figura 6: VTOL híbrido de asa fixa

Os VTOL híbridos são um jogo de automação e planagem manual. É utilizado um elevador vertical para elevar o drone no ar a partir do solo. Os giroscópios e acelerómetros funcionam em modo automático (conceito de piloto automático) para manter o drone estabilizado no ar. O controlo manual à distância (ou mesmo programado) é utilizado para guiar o drone na rota desejada. Existem algumas versões deste modelo híbrido de asa fixa disponíveis no mercado. No entanto, o mais popular é o drone utilizado nos anúncios da Amazon (para o seu serviço de entregas Prime).

3.2. Componentes

Tabela 3.1: Componentes utilizados no Drone

N.º de artigos	Unidades
Bateria	4
Motor	6
CES	6

Hélices	6
Corpo	1
Ardupiloto	1
GPS	1
Regulador	1
Recetor de rádio	1

3.2.1 Bateria

Bateria de drone LiPo e LiHV FPV: As baterias de lítio utilizadas para alimentar os quadricópteros têm duas composições químicas comuns: Polímero de lítio (LiPO) e polímero de lítio de alta tensão (LiHV). A principal diferença entre as duas é que uma célula LiPO tem uma tensão totalmente carregada de 4,2 V, em comparação com uma célula LiHV, que tem uma tensão de 4,35 V com carga total. Uma célula LiPO tem uma tensão de repouso ou nominal de 3,7 V em comparação com uma célula LiHV que tem uma tensão de armazenamento de 3,8 V. No que diz respeito ao desempenho dos dois packs, uma bateria LiHV fornecerá inicialmente mais energia, mas a tensão cai abruptamente quando descarregada, enquanto uma LiPO tem uma descarga mais linear, facilitando a avaliação qualitativa do tempo de voo restante. As baterias LiPO são as mais utilizadas em todos os tamanhos de quadricópteros, no entanto, as baterias LiHV são bastante populares para utilização em micro drones "Tiny Whoop" porque a tensão extra melhora moderadamente o desempenho dos quadricópteros.

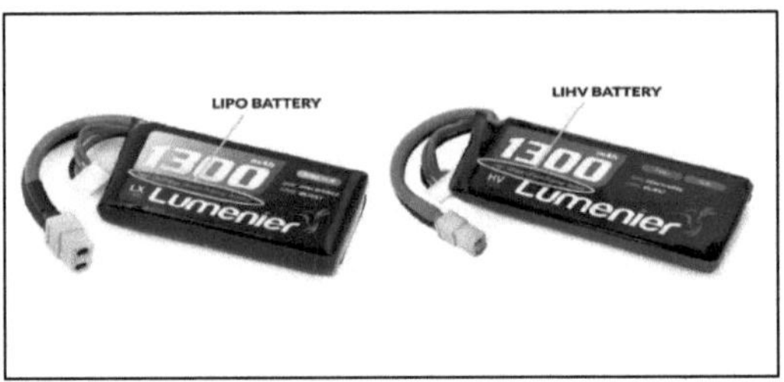

Figura 7: Bateria

Células e tensões da bateria do drone: A voltagem da bateria é a diferença de energia potencial entre os terminais positivo e negativo. Uma tensão mais alta da bateria do drone FPV permite que o pacote forneça mais energia ao quadricóptero sem aumentar a corrente ou o consumo de ampères. Uma célula de polímero de lítio padrão tem uma tensão nominal (de armazenamento) de 3,7 V, portanto, para aumentar a potência que um único pacote LiPO pode fornecer, essas células são agrupadas em série (o que significa que o fio terra/negativo da primeira célula é conectado ao fio positivo da célula seguinte, formando uma cadeia de células individuais) para aumentar a tensão geral do pacote de bateria. Os packs LiPO são normalmente vendidos em configurações 1S, 2S, 3S, 4S, 5S ou 6S, em que o dígito seguido do "S" representa o número de células desse pack específico. Quanto mais células estiverem agrupadas, maior será a voltagem da bateria. A voltagem da bateria é importante porque tem impacto na velocidade máxima do motor de um quadricóptero. Isto é explicado mais detalhadamente aqui [inserir hiperligação para o artigo sobre motores/ secção sobre KV] mas, simplesmente, uma maior tensão da bateria permite que os motores girem a uma maior velocidade (RPM). Por esta razão, as baterias 4S LiPO são as mais utilizadas nos quadricópteros de competição, uma vez que proporcionam um equilíbrio entre velocidade e peso. É importante notar que as aplicações de quadricópteros listadas na tabela a seguir são apenas exemplos típicos das muitas combinações diferentes de baterias e quadricópteros existentes. Existem configurações exóticas, tais como quadricópteros de corrida 5S 150mm ou quadricópteros com micro escovas 2S, no entanto, são bastante incomuns

3.2.2 Controlador eletrónico de velocidade

Como tudo o resto nos drones, os ESCs continuam a evoluir e a adaptar-se às exigências dos pilotos. Os ESCs desempenham um papel crucial no desempenho do drone, pelo que o hardware dos ESCs continua a melhorar. Existem alguns tipos básicos de ESCs disponíveis. A maioria dos ESCs no mercado é controlada por processadores de 32 bits integrados, com um firmware chamado BLHeli_32 (pronuncia-se B L Heli 32) ou KISS. Ainda no ano passado, a maioria dos ESCs usava apenas processadores de 8 bits, sendo que apenas alguns ESCs topo de gama, como o KISS, eram de 32 bits. Os variadores de 32 bits podem comunicar com protocolos digitais mais rápidos, como o D-SHOT 1200 (comparado com o D-SHOT 600). Os variadores de 32 bits também são capazes de outras funcionalidades, como o controlo de díodos emissores de luz (LED), a alteração da direção de rotação do motor para funcionalidades como o modo tartaruga (endireitar automaticamente um drone virado com os motores). Estes ESCs também são capazes de telemetria, através da qual as informações do ESC, como RPM, consumo de amperes e temperatura, são enviadas do ESC para o controlador de voo. Embora as características do ESC de 32 bits sejam uma boa adição, muitos ESCs actuais de 8 bits continuam a funcionar incrivelmente bem com o firmware de ESC generalizado chamado BLHeli_S.

Figura 8: Regulador eletrónico de velocidade

Ao selecionar um ESC, é importante ter em conta 3 considerações principais. As 3 considerações para a escolha do ESC incluem:

- **Tamanho do motor**: O tamanho do motor ditará grandemente a quantidade de amperagem que o seu ESC deve ser capaz de suportar.
- **Hélice:** A escolha da hélice também ditará a classificação de amperes do seu ESC. O seu drone vai ter hélices de 3, 4, 5 ou 6 polegadas? Que tipo de desempenho pretende e, por conseguinte, que tipo de passo de hélice irá utilizar?
- **Bateria:** Vai utilizar uma bateria de 3 células, ou uma bateria de 4, 5 ou mesmo 6 células? Os variadores de velocidade são classificados por amperagem, juntamente com as células da bateria.

Digamos, por exemplo, que está interessado em corridas de drones. Os drones de corrida modernos utilizam quase todos hélices de 5 polegadas com um passo elevado. Para que estas hélices de passo elevado girem a altas RPM, os pilotos seleccionam um motor com especificações como 2207, 2450kv. Este motor com uma hélice de passo agressivo pode puxar mais de 40 amperes. Por conseguinte, a seleção do ESC correto é importante para que os FETS do ESC não se danifiquem devido à amperagem e falhem a meio da corrida. Por conseguinte, é uma boa ideia conceber o seu drone de acordo com as suas necessidades e aplicações específicas. Selecionar um ESC para a tensão, no entanto, é muito mais simples, uma vez que os ESCs têm classificações que indicam a tensão da bateria (S) que podem suportar. Geralmente, para um drone 4S com hélices de 5 polegadas, um ESC capaz de 30 amperes de corrente sustentada funcionará para quase todas as aplicações, como freestyle e corridas.

- **Amperagem**

O tamanho e a qualidade destes FETs determinam a quantidade de corrente (amperagem) que pode passar pelo variador. A maioria dos variadores de velocidade tem classificações como "30 amperes" ou "25 amperes". Estes números representam geralmente a corrente contínua que o variador pode suportar. Durante curtos períodos de tempo, geralmente menos de 10 segundos, os variadores podem suportar um pouco mais de corrente. É comum ver um variador rotulado como "30 amperes" que é capaz de uma "explosão" de 40 amperes. A classificação de amperes é uma consideração importante quando se compra um ESC. É muito melhor obter um variador capaz de suportar mais corrente, à custa do tamanho ou da despesa, do que um variador que pode ser danificado por uma corrente demasiado elevada.

Figura 9: Amperagem do ESC

3.2.3 Hélice

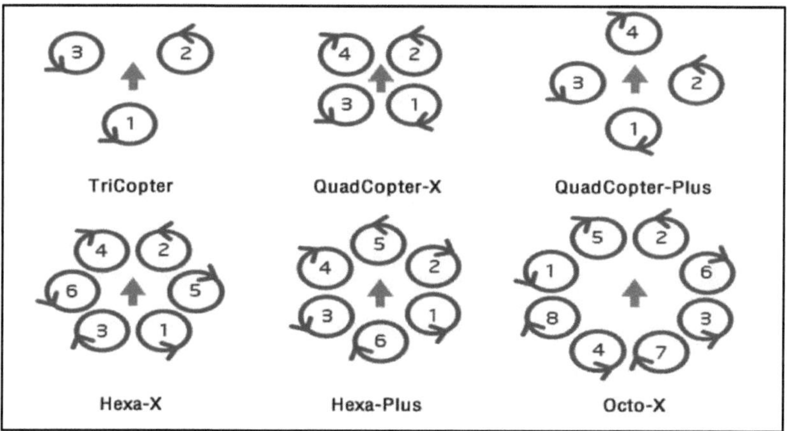

Figura 10: Hélice com diferentes números de asas

- **Tamanho da hélice**

O tamanho da hélice é a distância de ponta a ponta. As hélices mais compridas podem gerar mais impulso à mesma velocidade, mas requerem mais binário do motor para rodar a hélice. Um tamanho de hélice maior não significa que será capaz de voar mais rápido. Isso é determinado principalmente pelo passo da hélice. A área de superfície da hélice também determina a quantidade de impulso que pode gerar. A maior área de superfície permite que mais ar seja movido, gerando assim mais impulso. Isto também tem o custo de um maior consumo de energia do motor. O comprimento da estrutura do quadricóptero determina o tamanho máximo da hélice que pode utilizar. Isto pode ser facilmente determinado pegando no comprimento ou largura mais pequeno da estrutura do drone e dividindo por 2. Depois, é necessário torná-lo ligeiramente mais pequeno para proporcionar uma folga de rotação entre as hélices adjacentes. A sobreposição das hélices não é recomendada, uma vez que o fluxo de ar descendente de uma hélice de quadricóptero reduzirá a eficiência do impulso da hélice abaixo. Há também um pouco de fluxo de ar de lado a lado devido aos vórtices da ponta, por isso é necessário deixar algum espaço entre as hélices para evitar este efeito

- **Número de lâminas**

  As hélices de duas pás são mais eficientes na produção de impulso do que as hélices de três ou quatro pás, como mostra a figura 7, desde que as pontas não atinjam velocidades supersónicas. Para efeitos das hélices dos quadricópteros, isto não constitui um problema.

Figura 11: Número de lâminas

A adição de pás aumenta a quantidade de impulso que é gerado, mas à custa da eficiência.

Verá muitos drones com hélices de lâmina tripla de 5 polegadas. O ambiente aerodinâmico dos drones anula as ineficiências das hélices triplas no tamanho de 5 polegadas. As lâminas triplas também têm uma geração de binário mais elevada, o que torna o eixo de guinada do quadricóptero muito mais reativo. Existem modelos de 4, 5 e até 6 lâminas, mas estes têm retornos decrescentes devido à ineficiência.

- **Hélices de nariz de boi**

  Quanto maior for a área de superfície de uma hélice, mais ar pode empurrar, criando assim mais impulso. A desvantagem é o maior consumo de corrente, o aumento da resistência e a redução da eficiência energética. As hélices de nariz de touro são mais frequentemente utilizadas em quadricópteros modernos.

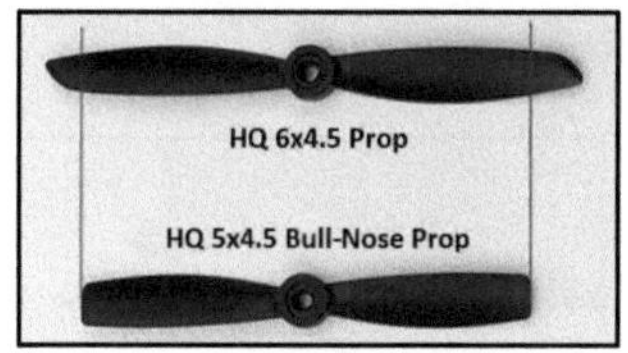

Figura 12: Hélice Bull Nose

3.2.4 Motores

a) Motor sem escovas Ready To Sky 2212 920KV para drone - Direção CW (sentido dos ponteiros do relógio)

Características e especificações:

- Desempenho estável
- Compatibilidade universal
- Boa qualidade
- Gama mais alargada
- KV do motor: 920
- ESC compatível: 30 A
- Diâmetro do veio: 6 mm
- Desempenho estável.
- Apresenta-se num tamanho compacto.

b) Motor sem escovas A2212 1000KV para Avião RC / Quadcopter

Características e especificações:

- Nº do artigo: A2212
- Dimensão: 27,8*27mm
- Diâmetro do veio: 3,17 mm
- Eficiência máxima: 80%.
- Corrente de eficiência máxima: 4-10A (>75%)
- Capacidade de corrente: 12A/60s
- Corrente sem carga a 10V: 0,5A
- N.º de células: 2-3 Li-Poly
- Peso: 65g

3.2.5 Corpo em fibra de carbono

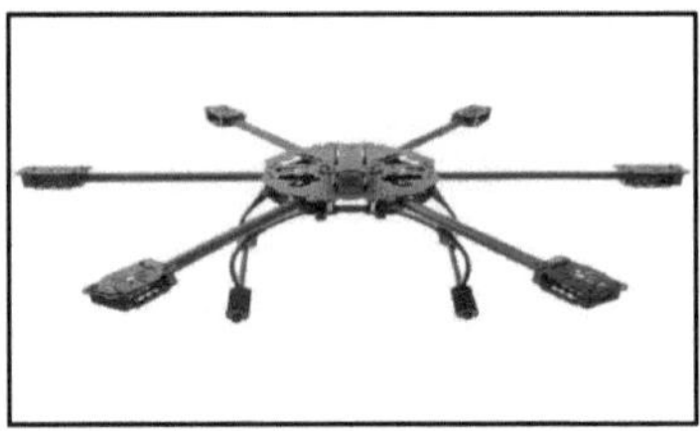

Figura 13: Carroçaria em fibra de carbono

Este é um Hex Frame de fibra de carbono de 680mm. Este é um novo hexacóptero dobrável projetado para o sistema FPV profissional Material de fibra de carbono. Todo o tubo do braço com furo padrão, e fácil de montar. O peso do kit de estrutura é de 780g. A classificação ESC é 20A/ 30A e o motor 2312 680 KV/ F4006 950KV pode ser usado com a hélice 1047,1147, 1238 CW/ CCW etc.

3.3 Modelação em software

A modelação 3D dos componentes do drone foi efectuada no software Solidworks. A descrição das várias partes dos componentes é apresentada no quadro.

Tabela 3.2 : Modelo 3D dos componentes

Componente	Descrição	Imagem do componente
Braço	Comprimento - 220 mm Altura - 55mm	
Base da carroçaria	comprimento diagonal - 640 mm armação de plástico com um peso aproximado de 780 gramas.	

Hélices	Hélices de ponta de touro	
Motor	Motor DC sem escovas 2212 1000kV	
Suporte	quanto maior o tamanho, maior a distância ao solo	
Bateria	Bateria de polímero de lítio de 5200mAH	
Ardupiloto	Controlador de voo multi-cóptero APM 2.8	
Emissor e recetor	Fly Sky FS-i6 2.4G 6CH PPM RC transmissor com FS-iA6B.	

Controlador eletrónico de velocidade (ESC)	controla e regula a velocidade dos motores	

Cada componente foi modelado no software e montado para conceber o quadricóptero e o hexacóptero.

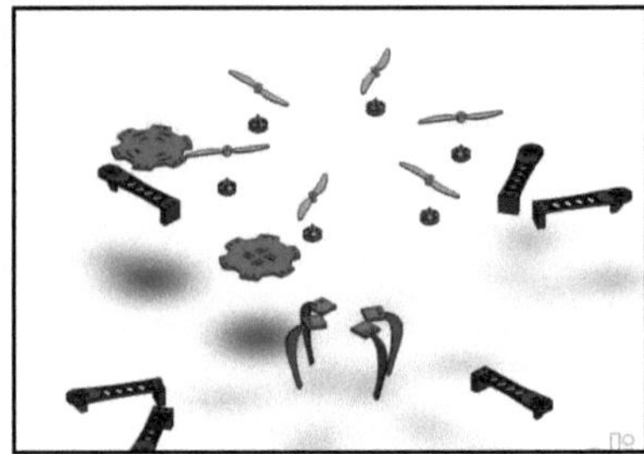

Figura 14: Componentes concebidos em 3D

Capítulo 4
Material para o reservatório, o bocal e o desinfetante

4.1 Material do reservatório

Para conceber um drone eficiente para a higienização, a seleção do material do tanque desempenha um papel vital. Deve-se ter em mente que o tanque deve ser feito de um material resistente à corrosão. Atualmente, vários materiais utilizados em reservatórios de pulverizadores incluem aço inoxidável, plástico de polietileno e fibra de vidro. Os desinfectantes podem ser corrosivos para certos materiais. Deve ter-se o cuidado de evitar a utilização de materiais incompatíveis. Não devem ser utilizados depósitos de alumínio, galvanizados ou de aço. Alguns produtos químicos reagem com estes materiais, o que pode resultar numa redução da eficácia do higienizador contido no mesmo, ou em ferrugem ou corrosão no interior do depósito. Mantenha os depósitos limpos e sem ferrugem, incrustações, sujidade e outros contaminantes que possam danificar a bomba e os bicos. Além disso, a contaminação pode acumular-se no bico e restringir o fluxo do produto químico, resultando em padrões de pulverização e taxas de aplicação incorrectos. Os detritos ou fragmentos podem sufocar os filtros e restringir o fluxo de pulverização através do sistema. Lave o depósito com água fresca/limpa depois de concluída a higienização. Deve dar-se preferência a um reservatório com um orifício de drenagem no fundo, o que ajuda a uma drenagem completa. Um tanque com um pequeno reservatório no fundo é mais vantajoso em comparação com outros ou uma excelente alternativa. Uma abertura no topo suficientemente grande para inspeção interna, limpeza e manutenção é uma necessidade. A capacidade do tanque deve ser conhecida para adicionar a quantidade correcta de pesticida. A maioria dos depósitos novos tem marcas de capacidade na parte lateral. Se o depósito não for translúcido, deve ter um visor para indicar o nível do líquido. O indicador deve ter uma válvula de fecho na parte inferior para permitir o fecho em caso de danos. Nos depósitos de plástico e de fibra de vidro, podem ser colocadas marcas na parte lateral do depósito. O pulverizador deve estar assente num solo nivelado quando ler os galões que restam no depósito. Leituras de volume incorrectas fazem com que sejam adicionadas quantidades inadequadas de pesticida, o que pode resultar num mau controlo de pragas, danos nas culturas ou aumento do custo dos pesticidas.

Neste livro, o material do reservatório, o polietileno, é preferido em relação a outros materiais devido às suas características básicas, ou seja, rentável, facilmente disponível e leve. O reservatório de polietileno é muito seguro em termos de não transmitir qualquer tipo de produto químico para os materiais desinfectantes armazenados e é compatível com as condições atmosféricas. Devido ao seu peso leve, pode reduzir o risco de sobrecarga ao reduzir o peso total do drone e pode ser substituído sempre que necessário. A disponibilidade deste tipo de materiais torna o drone mais eficiente.

4.2 Segurança e precaução

- Os reservatórios de polietileno fabricados requerem geralmente mais deflectores do que os reservatórios de aço inoxidável ou de alumínio. Os materiais e propriedades dos reservatórios são apresentados no Quadro 4.1.
- Deve ter-se em conta que deve ser isolado, não estar exposto à luz solar e não estar localizado perto de qualquer fonte de calor, de modo a que a água armazenada seja mantida tão fria quanto possível
- Durante aplicações de longa duração, estes materiais começam a misturar-se com a água e também quando estes reservatórios são lavados com detergentes. Isto reduz a vida útil do material.
- Evitar a lixiviação que também pode ocorrer quando estes são expostos aos raios UV, em condições de alta temperatura. Os méritos e deméritos são enumerados no quadro 4.2.

Tabela n.º 4.1 Material da cuba e respectivas propriedades [55-65]

S. Nã o.	Material Usado	Capaci dade (L)	Forma	Cor	Temperatura (º C)	Pressã o (Bar)	Peso (Kg)	Aplicação
1	Alumínio	2	Cubo	Preto	148	1.5	1.2	Bomba de água para automóvel
2	Plástico	2.34	Cuboide	Translúci do	80	1.18	0.198	Armazename nto de água
3	Fibra de vidro	2	Cilíndrico	Translúci do	93	2.4	0.270	Armazenar produtos químicos
4	Polipropileno	2	Cilíndrico	Leitoso Branco	121	1.2	0.110	Utensílios de cozinha
5	Polietileno de alta densidade	2	Cilíndrico	Branco	173	1.9	0.230	Garrafa de água PEAD
6	Fibra de carbono	2	Cilindro	Preto	200	2.7	0.068	Peso leve (peças de automóvel)
7	Vidro	2	Taça com forma	Transpare nte	149	1.93	1.6	Aquário

8	Cobre	2	Cilíndrico	Opaco	60	5.39	1.2	Dispensador de água
9	Titânio	2	Cilíndrico	Cinzento	386	36	1	Depósitos de combustível
10	Aço	2	Cilíndrico	Prata	80	206	1.5	Produtos químicos, Depósitos de combustível

Tabela n.º 4.2 Material do tanque com as suas vantagens e desvantagens (1-10)

S. Não	Material	Vantagens	Desvantagens
1	Alumínio	• Resistente à radiação ultravioleta • Bom condutor de eletricidade	• Mais raro e mais caro do que o aço • Requer processos especiais para ser soldado
2	Polietileno	• O plástico é forte, bom e barato de produzir • O plástico é um dos materiais inquebráveis •	• O plástico é um recurso não reutilizável • Produz fumos tóxicos quando é queimado •
3	Fibra de vidro	• Peso leve, vãos longos disponíveis com uma estrutura estrutural separada • Elevado ponto de fusão	• Má ventilação • Sensível aos raios ultravioleta, exceto se a superfície for revestida com o gel
4	Polipropileno	• Reparação mais fácil em caso de danos • Material relativamente barato	• Alta inflamabilidade • Suscetível à oxidação
5	Polietileno de alta densidade	• Material reciclável e amigo do ambiente • Não se utiliza chama para unir, com muitas opções de encaixe e união	• Sensível à fissuração por tensão • Fraca resistência às intempéries
6	Fibra de carbono	• Elevada rigidez e resistência • Leve • Resistência à corrosão • Transparência de raios X • Baixo CTE (Coeficiente de Expansão Térmica)	• Custo elevado • Não adequado para álcool • Baixa resistência
7	Vidro	• Transparência • À prova de pó • Estável aos raios UV • Material sustentável	• Custo elevado • Fragilidade • Transparência térmica
8	Cobre	• O cobre é um metal naturalmente resistente à corrosão • Maleabilidade e Ductilidade • Condutividade e resistência ao calor	• Altamente reativo • Custo superior ao do plástico • Corrosão • Perigo de choque

9	Titânio	• Resistente à corrosão • Excelente biocompatibilidade • Dúctil • Resistência à fadiga • Módulos de Young baixos	• Sensibilidade do entalhe • Características de desgaste fracas • Expansão relativa
10	Aço	• Maior temperabilidade • Menos distorções e fissuras • Maior alívio de tensões a uma determinada dureza • Maior resistência a altas temperaturas • Ductilidade	• Custo elevado • Tratamento especial • Tendência para a retenção de austenite • Fragilidade do temperamento em certos graus

4.3 Material do bocal

Um bico é um dispositivo de meticulosidade que ajuda a dispersão do líquido num spray. Em geral, os bicos são utilizados para regular a taxa de distribuição de desinfetante/pesticida com parâmetros variáveis como a pressão, a velocidade de avanço e o espaçamento entre bicos. A seleção do bico mais adequado desempenha um papel importante no caso de minimizar a deriva, o que cria ainda o maior tamanho de gota, ao mesmo tempo que fornece entradas uniformes em termos de taxa e pressão. Basicamente, o bico desempenha três funções, que são as seguintes

- Controlar e regular o caudal

- Desintegrou a fusão em gotículas

- Dispersar a pulverização num padrão desejável.

Existem diferentes tipos de materiais para os bicos, como latão, plástico, nylon, aço inoxidável, aço inoxidável endurecido e cerâmica. Os bicos de latão normalmente utilizados são menos dispendiosos mas têm desvantagens em termos de desgaste rápido. No entanto, os bicos de materiais/metais mais duros têm um problema de desgaste insignificante, mas devido ao seu custo mais elevado, a utilização deste tipo de bicos não é económica. Para atingir ambas as condições (menor desgaste ou economia), o bocal de nylon pode ser vantajoso, mas depois de entrar em contacto com produtos químicos de alta qualidade pode ocorrer inchaço.

Durante a aplicação prática, todo o processo está associado a diferentes problemas, mas as estrias e os bicos entupidos são os mais comuns. Para evitar as estrias, a uniformidade do líquido desinfetante é importante porque permite uma distribuição igual do líquido através de todos os bicos. Por outras palavras, é necessário que cada bico de um pulverizador tenha a mesma quantidade de líquido higienizante. Se a quantidade de líquido desinfetante fornecido for diferente nos bicos adjacentes, podem ocorrer estrias. Também é necessário que os caudais de cada bico sejam verificados regularmente e comparados com os caudais de outros bicos. O limite admissível de descarga de um bico é de 10% (aprox.) ou substituir o bico se a descarga for superior ou inferior a este limite. Um dos problemas mais comuns ou irritantes que existem normalmente nos pulverizadores é o bico entupido. Este inconveniente pode ser eliminado através da seleção e posicionamento adequados dos filtros, bem como das telas que reduzem ainda mais o desgaste do bico. Basicamente, o sistema de pulverização do bico é constituído por filtros de três tipos: filtros de enchimento do depósito, filtros de linha e ecrãs do bico. Os materiais dos bicos e as suas propriedades são apresentados no quadro 4.3.

Neste livro, os bicos de PVC são seleccionados devido à sua fácil disponibilidade e natureza menos corrosiva. O bocal de PVC tem as maiores vantagens em comparação com outros em termos de permitir um fluxo de líquidos (água/químicos) elevado, suave e não diminuído. O material selecionado também permite reduzir a fricção do fluido e a resistência ao fluxo do líquido utilizado.

Tabela no. 4.3 Material do bocal e suas propriedades [65-75]

S. Não .	Material utilizado	Tipo/forma do bocal	Pressão máxima (Bar)	Diâmetro do orifício (mm)	Velocidade de aspersão (l/min)	Aplicação
1	Aço inoxidável	Bicos de pulverização de cone cheio de baixa pressão	4.8	0.5-1	0.6-1	Fertilizante
2	Polipropilen o	Corpo do bico triplo	0.34	0-0.7	0.1-0.7	Fertilizante
3	Plástico ABS	Bico de cone oco	1-3	1-2		Agricultura
4	Latão	Bico de jato de ar de cone cheio	1-3	1-2		Agricultura
5	PVC	Universal	3-6	3-4	1	Mais quente
6	Cobre	Bico de jato	120	10-12	4.16	Lavagem ou limpeza
7	Plástico	Ventilador plano	130	10-15		
8	Alumínio	Bocal duradouro	200	40		Tanques
9	PVDF	Bocal plano do ventilador	30	0.34-0.84	0.6-0.3	Agricultura
10	Bronze	Pistola de pulverização em forma de Y	1-5	1-3	1	Fertilizante químico
11	Plástico ABS	Centrífuga	0.57	0.5-1	0.6-1	Solução de bicos personalizado s

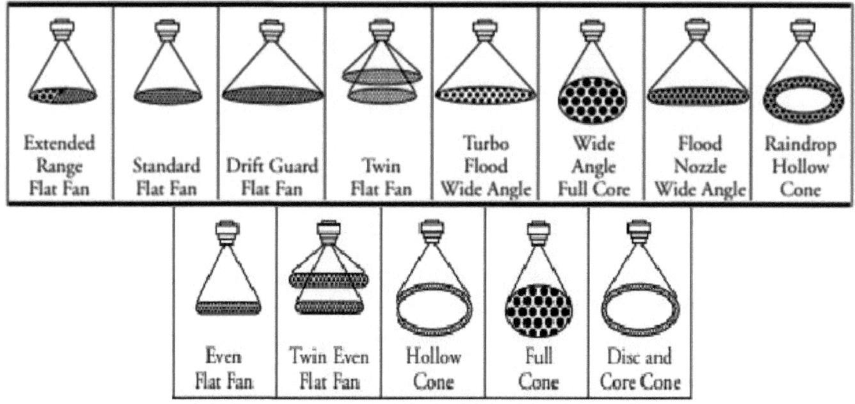

Figura 15: Diferentes tipos de bicos

4.4 Segurança e precauções

- Os parâmetros para a seleção do bocal devem ser uniformes. A mistura dos parâmetros do bocal produzirá uma pulverização irregular.
- São necessários cuidados adequados durante a limpeza dos bicos de pulverização entupidos.
- A limpeza do bocal só pode ser efectuada depois de o retirar do corpo principal.
- A limpeza do bocal só deve ser efectuada com a ajuda de uma escova de cerdas macias ou com ar comprimido.
- É necessária uma inspeção regular do bocal para evitar qualquer ineficiência no sistema ou substituir regularmente o bocal gasto.
- Nunca utilize dispositivos com arestas/pontas afiadas para limpar o orifício do bocal, pois pode danificá-lo.

Tabela no. 4.4 Materiais para bicos com as suas vantagens e desvantagens [65-75]

S. Não.	Material utilizado	Vantagens	Desvantagens
1	Aço inoxidável	• Baixo coeficiente de atrito • Aumento da resistência do aço de baixa liga	• Fraca resistência à fadiga e à corrosão • Distorções devidas a temperaturas elevadas
2	Polipropileno	• Aumenta com a taxa de temperatura	• Apenas para o domínio contínuo • Difícil de convergir
3	Plástico ABS	• Leve e resistente • Excelente resistência química	• Fraca resistência mecânica • Sujeito a deformação térmica
4	Latão	• Os bicos de latão têm uma melhor condutividade térmica.	• Os bicos de latão são mais baratos e fáceis de maquinar e têm melhores propriedades térmicas.
5	PVC	• Permitem um fluxo de água elevado, suave e não diminuído	• Possuem um coeficiente de expansão mais elevado do que os tubos de ferro fundido ou de ferro galvanizado.
6	Cobre	• Não ocorre qualquer reação química durante o processamento.	• Desempenho limitado em termos de temperatura de serviço.
7	Plástico	• Os termoendurecíveis formam geralmente ligações químicas mais fortes e duradouras.	• Pressão constante necessária durante a cura, o que pode causar tensões mecânicas.
8	Alumínio	• Resistente à corrosão • baixa manutenção peso leve • flexibilidade	• Resistência inferior à do aço • menor flexibilidade nos círculos de parafusos • alturas de montagem limitadas
9	PVDF	• Material PVDF adequado para condições ambientais adversas. • Compatibilidade de temperatura do material PVDF até 140° C.	• O PVDF é fácil de dissolver em vários materiais orgânicos • Solventes como a N-metil-2-pirrolidona (NMP), a N,N-dimetilformamida (DMF), a N,N-dimetilacetamida (DMAc), a acetona e o tetra-hidrofurano (THF)
10	Bronze	• Os bicos de latão são os bicos padrão, uma vez que são os mais económicos.	• Resistência inferior à do aço • menor flexibilidade nos círculos de parafusos
11	Plástico ABS	• baixo custo • facilmente disponível	• Inflexível às variações

4.5 Material do desinfetante

Com base no seu nível de eficácia, a Agência de Proteção Ambiental dos Estados Unidos (EPA) classificou os agentes desinfectantes em três categorias diferentes:

Esterilizante: É um agente que destrói todas as formas de vida microbiana. Os esterilizantes habitualmente utilizados são o óxido de etileno, o glutaraldeído e o ácido peroxiacético. Basicamente, o processo de esterilização inclui fornos de calor seco e calor húmido, como o vapor sob pressão ou a autoclavagem.

Desinfetante: mata os fungos infecciosos e as bactérias vegetativas, embora não necessariamente os esporos bacterianos em superfícies inanimadas. É conhecido como um processo menos tóxico do que a esterilização. Um desinfetante geral encontra aplicações em produtos domésticos, piscinas e purificadores de água, etc.

Desinfetante: Um desinfetante é uma substância que reduz os contaminantes microbianos nas superfícies para níveis seguros do ponto de vista da saúde pública. O desinfetante também é eficaz na destruição de células de vírus e bactérias na superfície.

O processo de higienização implementado com a aplicação de calor, radiação ou produtos químicos. Em comparação com a radiação, os métodos do calor e dos produtos químicos têm uma aplicação alargada. Mas é necessário que o artigo ou a superfície a ser higienizada seja lavada ou limpa corretamente antes de ser higienizada. A água quente é o método mais comum utilizado na higienização de restaurantes a uma temperatura superior a 75 C-82° ° C durante pelo menos 30 segundos. Este processo envolve vapor, água quente e ar quente para higienizar as superfícies. Por outro lado, os desinfectantes químicos mais comuns são o cloro, o iodo e o amónio quaternário. Basicamente, estes desinfectantes químicos não conseguem reagir com partículas de sujidade e pó, pelo que serão menos eficazes numa superfície que não tenha sido devidamente limpa. No entanto, existem alguns factores que influenciam a eficácia dos higienizadores químicos, como a concentração, a temperatura e o tempo de contacto. Por exemplo: A presença de uma quantidade insuficiente de desinfetante resultará numa redução inadequada dos microrganismos nocivos e a presença de uma quantidade excessiva resultará numa natureza tóxica. A gama de temperaturas dos desinfectantes químicos funciona melhor em água entre 13° C e 49° C. Para matar os microrganismos/bactérias/vírus perigosos, a superfície/peça pré-limpa deve estar em contacto com o desinfetante durante o período de tempo recomendado.

Com base no ingrediente ativo utilizado, os desinfectantes podem ser classificados em dois tipos: sem álcool e à base de álcool. O desinfetante à base de álcool contém álcool entre 60 e 95 %, normalmente sob a forma de isopropanol, n-propanol e etanol. Isto deve-se ao facto de o álcool nos desinfectantes desnaturar imediatamente as proteínas e neutralizar certos tipos de microrganismos nesta gama. Por outro lado, os desinfectantes sem álcool são geralmente desinfectantes ou agentes antimicrobianos com tendência para persistir. Os desinfectantes são regulamentados pela EPA e requerem dados rigorosos de testes laboratoriais e registo antes de qualquer aplicação. Com base na natureza dos higienizadores, existem diferentes modos de higienização, como baldes, contentores/tanques, garrafas e toalhetes, etc. Mas é necessário estudar as diferentes precauções antes de utilizar qualquer modo de higienização. O processo de higienização é composto por três etapas diferentes, nomeadamente

Passo 1. Lavar ou limpar corretamente a superfície/objeto com água quente e sabão. Para remover grandes partículas de sujidade ou o maior número possível de microorganismos,

Passo 2. Enxaguamento com água limpa, límpida e quente. O passo de enxaguamento destina-se a remover ainda mais a micro sujidade ou os microrganismos, bem como as partículas de sabão, para não perturbar o efeito do desinfetante.

Passo 3. Sanitização com um agente aprovado. Se estiver a ser utilizada lixívia como desinfetante, a solução deve ter uma temperatura de aproximadamente 70° F. Para além desta temperatura mais elevada, torna-se ineficaz (ocorre a formação de cloro). A etapa de higienização reduz o número de microrganismos na superfície para um nível seguro.

Quadro 4.5: Propriedades dos desinfectantes ideais [76]

1	Amplo espetro	8	Efeito residual nas superfícies tratadas
2	Ação rápida	9	Fácil de utilizar
3	Não é afetado por factores ambientais	10	Sem cheiro
4	Não tóxico	11	Económico
5	Compatibilidade da superfície	12	Solubilidade
6	Estabilidade	13	Amigo do ambiente
7	Limpador	14	Facilmente disponível

4.6 Segurança e precauções

- Em primeiro lugar, etiquetar corretamente o frasco de spray/baldes/tanque/lenços com o nome do desinfetante ou nunca o utilizar para outros fins.

- Manter fora do alcance das crianças
- Nunca pulverizar à volta de alimentos abertos ou de produtos domésticos de uso diário e pulverizar depois de verificar a existência de uma cobertura resistente adequada.
- Mudar/substituir/reencher a solução desinfetante quando a concentração ficar fraca ou a solução parecer turva.
- Aguardar o tempo de contacto adequado e deixar secar ao ar.

Tabela 4.6: Desinfectantes com diferentes parâmetros e concentrações [77]

Parâmetros	Peróxido de hidrogénio (7,5%)	Ácido peracético (0,2%)	Glutaraldeído (≥2,0%)	OPA* (0,55%)	Peróxido de hidrogénio/ácido peracético (7,35%/0,23%)
Alegação de desinfetante de alto nível (min.)	30	Não aplicável	20-90	12 e 5	15
Funcionamento Temperatura (°C)	20		20-25	20 e 25 em AER*	20
Ativação	Não	Não	Sim (glutaraldeído alcalino)	Não	Não
Reutilizar a vida* (Dias)	21	Utilização única	14-30	14	14
Estabilidade do prazo de validade* (Anos)	2	0.5	2	2	2
MC*	Bom	Bom	Excelente	Excelente	Não há dados
Monitorizar o MEC* da solução	Sim (6%)	Não	Sim (1,5% ou mais)	Sim (0,3% OPA*)	Não
Segurança	Irritante ocular grave	Irritante grave para os olhos e para a pele	Irritante para as vias respiratórias	Irritante para os olhos, mancha a pele	Irritante para os olhos

Vida útil da reutilização* (número de dias em que um produto pode ser reutilizado, conforme determinado pelo protocolo de reutilização)

Estabilidade do prazo de validade* (tempo que um produto pode permanecer armazenado (não utilizado))

MEC* é a concentração mínima eficaz

OPA* é o ortoftalaldeído

MC* é a compatibilidade de materiais

AER* é um reprocessador automático de endoscópios

Quadro 4.7: Desinfectantes com concentração e preparação recomendadas [78]

N.º Sr.	Desinfectantes	Recomendar a concemtração	Preparação
1	Hipoclorito de cálcio* lixívia ou lixívia concentrada* NaDCC*	0,1% de cloro ativo	Com base no tipo de utilização
2	Cloramina T Tosilcloramida de sódio	2%	20 gramas por litro
3	Iodo de polividona (PVI)*	2,5%	1 parte de solução concentrada a 10% (por exemplo, betadine) + 3 partes de água
4	Etenol	70°	8 partes de etenol a 90° + 2 partes de água
5	Isopropanol	70°	7 partes de Isopropanol + 3 partes de água
• Recomenda-se apenas um recipiente de aço inoxidável para uma melhor qualidade			

Quadro 4.8: Desinfectantes com vantagens e desvantagens [76-78]

S. Não.	Desinfectantes químicos	Vantagens	Desvantagens
1	Ácido peracético/peróxido de hidrogénio	• Não é necessária ativação • O odor ou a irritação não são parâmetros importantes a afetar	• Problemas de compatibilidade de materiais, tanto cosméticos como funcionais • Experiência clínica restrita • Os olhos e a pele podem ser afectados
2	Glutaraldeído	• Comparativamente económico • Excelente compatibilidade de materiais	• Irritação respiratória provocada pelo vapor de glutaraldeído e pela monitorização do vapor aclamada • Odor pungente e irritante • Atividade micobactericida lenta • Coagula o sangue e fixa os tecidos às superfícies • Dermatite de contacto alérgica
3	Peróxido de hidrogénio	• Não é necessária ativação • Pode melhorar a remoção de matéria orgânica e organismos • Sem problemas de eliminação, sem problemas de odor ou irritação • Não coagula o sangue nem fixa os tecidos às superfícies	• Questões de compatibilidade de materiais, tanto cosméticas como funcionais • Podem ocorrer lesões oculares graves se entrar em contacto com
4	Ortho-phthalaldehyde	• Desinfetante de alto nível de ação rápida • Não é necessária ativação	• Mancha a pele, o vestuário e as superfícies ambientais

		• Odor não significativo • Excelente compatibilidade de materiais reivindicada • Não coagula o sangue nem fixa os tecidos às superfícies	• A exposição repetida pode provocar hipersensibilidade em alguns doentes com cancro da bexiga • Mais caro do que o glutaraldeído • Irritação ocular por contacto • Atividade esporicida lenta
5	**Ácido peracético**	• Tempo de ciclo de esterilização rápido (30-45 minutos) • Esterilização por imersão líquida a baixa temperatura (50-55°C) • Amigo do ambiente • Totalmente automatizado • Sistema de utilização única • Ciclo normalizado • Pode melhorar a remoção de material orgânico e endotoxinas • Sem efeitos adversos para a saúde dos operadores em condições normais de funcionamento • Compatível com muitos materiais e instrumentos • Não coagula o sangue nem fixa os tecidos às superfícies	• Potencial incompatibilidade de materiais (por exemplo, o revestimento anodizado de alumínio torna-se baço) • Utilizado apenas para instrumentos imersíveis • O indicador biológico pode não ser adequado para a monitorização de rotina • Pode ser processado um âmbito ou um pequeno número de instrumentos num ciclo • Mais dispendioso (reparações do endoscópio, custos de funcionamento, custos de aquisição) do que a desinfeção de alto nível • Lesões oculares e cutâneas graves (solução concentrada) em caso de contacto • Sistema de ponto de utilização, sem armazenamento estéril
		Outros desinfectantes normalmente utilizados	
6	**Isopropil**	• Ativo contra bactérias, vírus • Em caro • Facilmente disponível	• In eficaz contra esporos • Não é adequado para grandes superfícies
7	**Idoforo**	• NÃO CORROSIVO • Fácil de utilizar • Não irritante • Amplo espetro de atividade	• Caro • Odor altamente pungente • Forma um composto púrpura com o amido • sabor
8	**Catião de amónio quaternário**	• Eficaz • Não tóxico • Prevenir o recrescimento • Sem sabor • Apoiar os desprendimentos microbianos	• Eficaz contra bactérias gram-negativas • Desenvolvimento resistente • Ativo a pH baixo
9	**Propileno glicerol**	• Miscível com água e álcool • Líquido incolor, inodoro e viscoso	• conservar em recipiente fechado • irritante para os olhos e para a pele

		• Contém dois grupos hidroxilo • Agente ativo de superfície	
10	**Fenol**	• Eficaz contra vírus, bactérias e fungos • Estável em concentrado • Tolerável para carga orgânica e água dura •	• Não tem efeito contra esporos • Elevada toxicidade • Menos eficaz a baixa temperatura • Incompatível com tensioactivos não-iónicos e catiónicos
11	**Cloramina - T**	• Eficaz contra todos os microorganismos • Abastecimento de água fácil de aplicar • Fácil de dissolver apenas uma pequena quantidade de produto químico permanece • Sem reação com amónio	• Biocida menos eficaz • Não pode ser filtrado • Não se dissipa • Efeitos adversos a longo prazo para a saúde
12	**Dióxido de enxofre**	• Liquefaz-se facilmente • Bom solvente para compostos covalentes • Tarifa barata • Solução incolor	• O dióxido de enxofre é ligeiramente tóxico • Perigoso em concentrações elevadas. • O contacto prolongado com baixas concentrações também é perigoso para os seres humanos • Tem um odor forte e pungente • Irritante para os olhos e para a pele
13	**Álcool**	• Eficaz contra células vegetativas • Não tóxico • Fácil de utilizar • Incolor • Inofensivo para a pele • Solúvel em água e em voleibol	• Microbistatic • Não é eficaz contra os esporos
14	**Dióxido de cloro**	• Eficaz em baixas concentrações • Pode ser produzido no local • Baixa dependência do pH	• Subprodutos tóxicos • Gás explosivo

A pulverização de desinfectantes com drones surgiu como um método inovador e eficiente para higienizar grandes áreas, oferecendo uma solução transformadora para combater a propagação de doenças infecciosas, incluindo a recente pandemia de COVID-19. Esta abordagem inovadora utiliza veículos aéreos não tripulados (UAV) equipados com mecanismos de pulverização para fornecer soluções desinfectantes em diversos ambientes, desde espaços públicos e centros de transporte a instalações de cuidados de saúde e campos agrícolas. O processo envolve o carregamento da carga útil do drone com uma solução desinfetante adequada, que é depois dispersa através de bicos de pulverização montados no corpo do drone ou no compartimento de carga útil. O drone é controlado remotamente por operadores que monitorizam a sua trajetória de voo e ajustam os parâmetros de pulverização para garantir uma cobertura e eficácia ideais.

Uma das principais vantagens da pulverização de desinfectantes com drones é a sua capacidade de cobrir grandes áreas de forma rápida e eficiente. Os métodos tradicionais de pulverização manual são trabalhosos, demorados e muitas vezes impraticáveis para desinfetar espaços exteriores extensos ou áreas de difícil acesso. Em contrapartida, os drones oferecem uma agilidade e mobilidade inigualáveis, permitindo-lhes navegar em ambientes complexos e aplicar sprays desinfectantes com precisão e consistência. Esta capacidade é particularmente valiosa em áreas urbanas densamente povoadas, onde os esforços de desinfeção manual podem ser logisticamente difíceis ou representar riscos para os trabalhadores de saneamento.

Além disso, a pulverização de desinfectantes com drones proporciona um elevado grau de flexibilidade e adaptabilidade, permitindo estratégias de saneamento direccionadas e personalizadas. Os operadores podem ajustar os parâmetros de pulverização, tais como a densidade da pulverização, o tamanho da gota e o padrão de pulverização para se adequarem a diferentes condições ambientais e requisitos de desinfeção. Por exemplo, em ambientes interiores, como hospitais ou edifícios de escritórios, os drones podem ser programados para se concentrarem em superfícies de elevado contacto ou espaços confinados onde o risco de transmissão de agentes patogénicos é mais elevado. Do mesmo modo, em ambientes exteriores, como parques ou praças públicas, os drones podem cobrir grandes áreas de forma eficiente, minimizando a perturbação do tráfego pedonal ou do fluxo de veículos.

Outra vantagem fundamental da pulverização de desinfectantes com drones é o seu potencial para reduzir a exposição humana a produtos químicos e agentes patogénicos perigosos. As operações de pulverização manual exigem frequentemente que os trabalhadores entrem em contacto direto com os desinfectantes, aumentando o risco de exposição a produtos químicos ou de transmissão de infecções. Ao utilizar drones, os operadores podem manter uma distância segura da área de pulverização, minimizando assim o risco de riscos profissionais e garantindo a saúde e a segurança do pessoal de saneamento. Além disso, os drones equipados com sensores avançados ou tecnologias de imagem podem fornecer feedback em tempo real sobre a eficácia da desinfeção, permitindo aos operadores monitorizar e otimizar remotamente as operações de pulverização.

Em termos de seleção de desinfectantes, está disponível uma vasta gama de formulações químicas para utilização em aplicações de pulverização com drones. Os desinfectantes comuns incluem soluções aquosas como o hipoclorito de sódio (lixívia), peróxido de hidrogénio e compostos de amónio quaternário (quats), bem como formulações à base de álcool como o etanol e o álcool isopropílico. Cada tipo de desinfetante oferece propriedades únicas, eficácia e considerações de segurança, e a escolha do desinfetante depende de factores como os agentes patogénicos visados, as condições ambientais e os requisitos regulamentares. Além disso, os esforços de investigação e desenvolvimento em curso centram-se na exploração de novas formulações de desinfectantes, incluindo nanomateriais, compostos biodegradáveis e extractos à base de plantas, para melhorar a eficácia da desinfeção e minimizar o impacto ambiental.

Apesar das suas inúmeras vantagens, a pulverização de desinfectantes com drones também apresenta vários desafios e considerações que devem ser abordados para garantir a sua implementação segura e eficaz. A conformidade regulamentar, os protocolos de segurança e as avaliações de impacto ambiental são fundamentais para mitigar os potenciais riscos associados às operações de pulverização aérea. Os quadros regulamentares que regem as operações com drones variam entre jurisdições, necessitando de directrizes e normas claras para iniciativas de desinfeção baseadas em drones. Além disso, as considerações de segurança, como a exposição a produtos químicos, o mau funcionamento do drone e a contaminação ambiental, devem ser cuidadosamente abordadas através de uma avaliação de risco adequada, formação em segurança e planeamento de contingência.

A aceitação e sensibilização do público para as iniciativas de desinfeção com drones também são fundamentais para o sucesso da sua implementação. Campanhas educativas, esforços de envolvimento da comunidade e comunicação transparente sobre os benefícios e limitações da pulverização com drones podem ajudar a criar confiança e aceitação entre as partes interessadas. Além disso, a colaboração entre agências governamentais, parceiros da indústria e comunidades locais é essencial para o desenvolvimento de estratégias e protocolos abrangentes para a integração de drones nas estruturas de saneamento existentes.

A pulverização de desinfectantes com drones representa uma inovação promissora no campo da saúde pública e do saneamento, oferecendo soluções eficientes, escaláveis e amigas do ambiente para a desinfeção de diversos ambientes. Tirando partido da agilidade e versatilidade dos drones, combinadas com formulações de desinfectantes e técnicas de pulverização adequadas, os esforços de saneamento podem ser melhorados em termos de cobertura, eficácia e segurança. No entanto, é essencial enfrentar os desafios regulamentares, de segurança e de aceitação pública para realizar todo o potencial da desinfeção baseada em drones na salvaguarda da saúde pública e na mitigação da propagação de doenças infecciosas.

Capítulo 5
Legalização e orçamentação

A legalização dos drones, também conhecidos como veículos aéreos não tripulados (UAV), tornou-se um assunto de importância crescente à medida que a utilização de drones se expande em vários sectores, incluindo a agricultura, a fotografia, a vigilância e os serviços de entrega. Os drones oferecem capacidades inigualáveis em termos de imagiologia aérea, recolha de dados e deteção remota, tornando-os ferramentas valiosas para uma vasta gama de aplicações. No entanto, a proliferação de drones tem suscitado preocupações em matéria de segurança, privacidade, regulamentação do espaço aéreo e responsabilidade legal, levando os decisores políticos a desenvolver quadros regulamentares abrangentes para reger a sua utilização. Esta análise tem como objetivo fornecer um exame detalhado da legalização dos drones, explorando a evolução dos quadros regulamentares, os principais desafios e controvérsias, as tendências emergentes e as perspectivas futuras na legislação sobre drones.

5.1 Evolução da regulamentação dos drones:

- **Cenário regulamentar inicial:** A regulamentação dos drones remonta aos primórdios da aviação, com os esforços iniciais centrados em garantir a segurança e a proteção das aeronaves tripuladas. Os primeiros regulamentos abordavam principalmente a operação de modelos de aeronaves e drones recreativos no espaço aéreo designado, com restrições limitadas à altitude, trajectórias de voo e capacidade de carga útil. No entanto, os rápidos avanços na tecnologia dos drones e a proliferação de drones comerciais ultrapassaram os quadros regulamentares existentes, levando a apelos a leis mais robustas e abrangentes sobre drones.

- **Surgimento das Autoridades da Aviação Civil:** Com a expansão da utilização comercial dos drones, as autoridades da aviação civil de todo o mundo começaram a desenvolver regulamentos específicos que regem a operação de drones no espaço aéreo civil. Estes regulamentos abrangem normalmente uma vasta gama de aspectos, incluindo requisitos de registo, certificação de pilotos, limitações operacionais e normas de segurança. Nos Estados Unidos, a Administração Federal de Aviação (FAA) é responsável pela regulamentação da utilização de drones ao abrigo dos Regulamentos Federais de Aviação (FAR), enquanto outros países têm as suas próprias autoridades de aviação a supervisionar as operações de drones.

- **Esforços de harmonização internacional:** Dada a natureza global da aviação e a proliferação de drones além-fronteiras, têm sido feitos esforços para harmonizar os regulamentos sobre drones a nível internacional. Organizações como a Organização da Aviação Civil Internacional (ICAO) e a Agência de Segurança da Aviação da União Europeia (EASA) desenvolveram directrizes e normas para operações de drones, com o objetivo de promover a consistência e a interoperabilidade entre diferentes regimes regulamentares. No entanto, chegar a um consenso sobre a regulamentação dos drones continua a ser um processo complexo e contínuo, uma vez que os países se debatem com diversos desafios legais, culturais e tecnológicos.

5.2 Principais componentes da regulamentação dos drones:

- Registo e identificação: Uma das componentes fundamentais da regulamentação dos drones é a exigência de registo e identificação dos drones e dos seus operadores. O registo ajuda as autoridades a controlar a propriedade e a utilização dos drones, permitindo-lhes impor o cumprimento dos regulamentos relevantes e investigar incidentes ou violações. Além disso, os drones podem ser obrigados a exibir números de registo visíveis ou etiquetas de identificação eletrónica para facilitar a identificação e a responsabilização.

- Certificação e formação de pilotos: Outro aspeto crítico da regulamentação dos drones é a certificação e a formação dos pilotos de drones. Os pilotos podem ter de se submeter a programas de formação formal e obter licenças ou certificações que demonstrem a sua competência para operar drones de forma segura e responsável. A formação abrange normalmente tópicos como operações de voo, regulamentos do espaço aéreo, procedimentos de emergência e considerações éticas, garantindo que os pilotos têm os conhecimentos e as competências necessárias para operar drones de forma eficaz.

- Limitações e restrições operacionais: Os regulamentos relativos aos drones impõem frequentemente limitações e restrições operacionais para mitigar os riscos para a segurança, proteção e privacidade. Estas limitações podem incluir restrições à altitude, velocidade de voo, distância de aeroportos e proximidade de pessoas ou áreas sensíveis. Além disso, os drones podem ser proibidos de voar em determinadas classes de espaço aéreo, como o espaço aéreo restrito ou controlado, para evitar conflitos com aeronaves tripuladas e garantir a segurança do espaço aéreo.

- Normas de segurança e desempenho: Para garantir o funcionamento seguro e fiável dos drones, as autoridades reguladoras podem estabelecer normas de segurança e desempenho para a conceção, construção e manutenção dos drones. Estas normas podem incluir critérios como a aeronavegabilidade, a integridade estrutural, os sistemas electrónicos e os mecanismos de segurança, com o objetivo de minimizar o risco de acidentes, avarias e perda de controlo. A conformidade com as normas de segurança pode ser verificada através de processos de certificação, inspecções e procedimentos de teste conduzidos por agências reguladoras ou terceiros autorizados.

5.3 Desafios e controvérsias:

- **Preocupações com a privacidade:** Um dos desafios mais significativos que a regulamentação dos drones enfrenta é a proteção dos direitos de privacidade no contexto da vigilância aérea e da recolha de dados. Os drones equipados com câmaras e sensores têm o potencial de captar informações sensíveis sobre indivíduos, propriedades e actividades, suscitando preocupações sobre a vigilância não autorizada, a invasão da privacidade e a utilização indevida de dados. Equilibrar as utilizações legítimas dos drones para a segurança pública, a monitorização ambiental e a investigação científica com a necessidade de salvaguardar os direitos individuais à privacidade representa um dilema legal e ético complexo para os decisores políticos.

- **Riscos de segurança:** Outro desafio associado à regulamentação dos drones é a mitigação dos riscos de segurança colocados por actores maliciosos ou operadores irresponsáveis. Os drones têm sido utilizados para actividades ilícitas, como o contrabando, a espionagem e a perturbação de infra-estruturas críticas, o que realça a necessidade de medidas de segurança robustas e de mecanismos de aplicação. Os quadros regulamentares podem incluir disposições relativas a tecnologias de combate aos drones, monitorização do espaço aéreo e poderes de aplicação da lei para detetar, dissuadir e responder às ameaças à segurança colocadas pelos drones.

- **Integração do espaço aéreo:** A integração dos drones no espaço aéreo civil apresenta desafios técnicos, operacionais e regulamentares relacionados com a gestão do espaço aéreo, a coordenação do tráfego e a prevenção de colisões. Os drones operam em espaço aéreo partilhado com aeronaves tripuladas, incluindo aviões comerciais, helicópteros e aeronaves da aviação geral, exigindo regras e procedimentos claros para garantir uma coexistência segura e eficiente. As autoridades reguladoras devem desenvolver sistemas de controlo do tráfego aéreo, segregação do espaço aéreo e protocolos de comunicação para minimizar o risco de colisões em pleno ar e garantir a integridade do sistema nacional de espaço aéreo.

5.4 Tendências emergentes e perspectivas futuras:

- Tecnologias avançadas: Os avanços na tecnologia dos drones, como a inteligência artificial, a navegação autónoma e a integração de sensores, estão a impulsionar o desenvolvimento de drones da próxima geração capazes de voo autónomo, tomada de decisões adaptável e análise avançada de dados. Estas tecnologias têm o potencial de revolucionar as operações com drones em áreas como a cartografia aérea, a monitorização ambiental, a resposta a catástrofes e a agricultura de precisão, abrindo novas oportunidades para a inovação e o crescimento económico.

- **Mobilidade aérea urbana:** O conceito de mobilidade aérea urbana (MAU) prevê a integração de drones e outros veículos aéreos não tripulados nas redes de transportes urbanos, permitindo o transporte aéreo a pedido de passageiros e carga. A UAM é promissora para resolver o congestionamento urbano, reduzir as emissões de gases com efeito de estufa e melhorar a acessibilidade a áreas remotas ou mal servidas. No entanto, a concretização da UAM exige a superação de desafios regulamentares, de infra-estruturas e de aceitação pública, bem como a resolução de preocupações relacionadas com a segurança e a poluição sonora.

- **Harmonização regulatória:** Estão em curso esforços para harmonizar os regulamentos sobre drones a nível internacional, regional e nacional, com o objetivo de promover a consistência, interoperabilidade e reciprocidade entre diferentes regimes regulamentares. Os regulamentos harmonizados facilitam as operações transfronteiriças, simplificam os processos administrativos e promovem a colaboração entre as partes interessadas da indústria, as autoridades reguladoras e outros actores relevantes. No entanto, chegar a um consenso sobre as normas e práticas regulamentares continua a ser um processo complexo e iterativo, que exige um diálogo, coordenação e cooperação contínuos entre as partes interessadas.

A legalização dos drones apresenta oportunidades e desafios para os decisores políticos, os reguladores, as partes interessadas do sector e a sociedade em geral. Embora os drones ofereçam um imenso potencial de inovação, crescimento económico e impacto social, a sua proliferação suscita preocupações em termos de segurança, proteção, privacidade e conformidade regulamentar. A resposta a estes desafios exige uma abordagem equilibrada e multidisciplinar que tenha em conta as dimensões técnica, jurídica, ética e social da utilização dos drones. Ao desenvolver quadros regulamentares sólidos, fomentar o envolvimento das partes interessadas e promover operações responsáveis de drones, os decisores políticos podem aproveitar o poder transformador dos drones, salvaguardando simultaneamente os interesses públicos e garantindo a integração segura e sustentável dos drones no espaço aéreo civil.

5.5 Requisitos operacionais

5.5.1 Sistemas de aeronaves não tripuladas

O termo "sistema de aeronaves não tripuladas" (UAS) foi adotado pelo Departamento da Defesa dos Estados Unidos (DoD) e pela Administração Federal da Aviação dos Estados Unidos em 2005, de acordo com o seu roteiro para os sistemas de aeronaves não tripuladas 2005-2030. A Organização da Aviação Civil Internacional (ICAO) e a Autoridade Britânica da Aviação Civil adoptaram este termo, também utilizado no roteiro da União Europeia para a investigação sobre a gestão do tráfego aéreo (ATM) no âmbito do céu único europeu (SES) (SESAR Joint Undertaking) para 2020. Inclui elementos como as estações de controlo em terra, as ligações de dados e outros equipamentos de apoio. Um termo semelhante é um sistema de veículos aéreos não tripulados (UAVS), um veículo aéreo pilotado remotamente (RPAV) ou um sistema de aeronaves pilotadas remotamente (RPAS).

5.5.2 Registo na Índia

Desde o lançamento da plataforma Digital Sky para o registo de drones na Índia, foram sugeridas várias leis e políticas para maximizar a utilização da tecnologia dos drones para fins comerciais. Em 2019, o GI actualizou os regulamentos relativos às aeronaves não tripuladas (UA) para evitar voos não autorizados, regular a arquitetura das UA e desenvolver normas comuns escaláveis. O GI adoptou o processo "sem autorização, sem descolagem" (NPNT) para controlar as UA através do sistema de gestão do tráfego não tripulado (UTM). O processo de UTM foi desenvolvido depois de cumpridos os requisitos da aviação civil (CAR), que incluem o registo, o plano de voo e o objetivo, as autorizações e a formação adequada para o manuseamento da aeronave. A taxa para um novo UIN é de Rs 1000. Todos os operadores de drones (exceto os nano e micro drones) são obrigados a obter uma licença de operador de aeronaves não tripuladas (UAOP). A taxa para uma nova UAOP é de 25 000 rupias e é válida por 5 anos.

5.5.3 Número UIN

Todos os drones são obrigados a ter um número de identificação único (UIN). O custo de um UIN é de Rs 1000. Todos os controladores de drones são obrigados a obter uma licença de operador de aeronaves não tripuladas (UAOP).

5.5.4 Número de confirmação do drone

Após a conclusão bem sucedida da divulgação voluntária da posse de um drone, será emitido em linha um número de reconhecimento de drone (DAN) e um número de reconhecimento de propriedade (OAN), que ajudarão a validar as operações de drones na Índia.

5.5.5 Licença de operador de aeronaves não tripuladas

A UAOP é uma licença exigida pelos proprietários dos drones para os pilotar. Pode ser obtida junto do Diretor-Geral da Aviação Civil. No entanto, nos seguintes casos, esta autorização não é necessária.

- Nano drones que operam abaixo de 50 pés em espaço aéreo não controlado.

- Micro drones que operam abaixo de 200 pés em espaço aéreo não controlado - mas terão de informar a polícia local 24 horas antes.

- Drones que pertencem e são operados pela Organização Nacional de Investigação Técnica (NTRO), pelo Centro de Investigação Aeronáutica e pelas Agências Centrais de Inteligência, mas só depois de informada a polícia local.

- O UAOP deverá ser emitido pela DGCA no prazo de sete dias úteis a contar da apresentação dos documentos necessários. Estes UAOP não são transferíveis e são aplicáveis por um período não superior a cinco anos.

5.6 Regras gerais para pilotar um drone na Índia

Com base na minha investigação e interpretação das leis, eis as regras mais importantes a conhecer para pilotar um drone na Índia.

- Todos os drones, exceto os da categoria Nano, devem ser registados e receber um número de identificação único (UIN).

- É necessária uma licença para operações comerciais com drones (exceto para os da categoria Nano, que voam a menos de 50 pés, e os da categoria Micro, que voam a menos de 200 pés).

- Os pilotos de drones devem manter sempre uma linha de visão direta durante o voo.

- Os drones não podem voar a mais de 400 pés na vertical.

- Os drones não podem voar em áreas especificadas como "No Fly Zones", que incluem áreas próximas de aeroportos, fronteiras internacionais, Vijay Chowk em Deli, Complexo do Secretariado de Estado nas capitais de estado, locais estratégicos e instalações militares.

- A autorização para voar em espaço aéreo controlado pode ser obtida através da apresentação de um plano de voo e da obtenção de um número único de Autorização de Defesa Aérea (ADC)/Centro de Informação de Voo (FIC).

O governo também classificou o espaço aéreo onde os drones podem operar. O espaço aéreo foi dividido em Zona Vermelha (voo não permitido), Zona Amarela (espaço aéreo controlado) e Zona Verde (autorização automática). Antes de cada voo, os pilotos de drones têm de pedir autorização para voar através de uma aplicação móvel, que processa automaticamente o pedido e o concede ou rejeita. A Índia está a chamar ao seu sistema "No Permission, No Takeoff" (NPNT). Se um piloto de drone tentar voar sem receber autorização da Digital Sky Platform, simplesmente não poderá descolar. Todos os operadores de drones registarão o seu drone e pedirão autorização para voar para cada voo através da Plataforma Digital Sky da Índia.

5.7 Sanção para a utilização de drones sem autorização

Lei que visa melhorar as disposições relativas ao controlo do fabrico, posse, utilização, exploração, venda, importação e exportação de aeronaves. Esta lei pode ser designada por Lei da Aeronáutica de 1934. É aplicável em todo o território da Índia e também aos cidadãos indianos.

Em caso de violação da CAR, podem ser aplicadas as seguintes sanções: o número de identificação único (UIN) do operador ou a licença de operador de aeronave não tripulada (UOAP) emitida pela DGCA podem ser suspensos ou cancelados.

A violação do cumprimento de qualquer um dos requisitos do CAR e a falsificação de registos ou documentos podem dar origem a acções penais, incluindo a imposição de sanções nos termos do Código Penal Indiano 1860 (IPC), que incluem, entre outras, as seguintes

- Secção 287: conduta negligente em relação a máquinas (com uma pena máxima de prisão que pode ir até seis meses ou uma multa que pode ir até 1.000 rupias indianas, ou ambas).

- Secção 336: ato que põe em perigo a vida ou a segurança pessoal de outrem (com uma pena máxima de prisão que pode ir até três meses ou uma multa que pode ir até 250 rupias, ou ambas);.

- Secção 337: causar danos por um ato que ponha em perigo a vida ou a segurança pessoal de outrem (com uma pena máxima de prisão que pode ir até seis meses ou uma multa que pode ir até 500 rupias, ou ambas).

- Artigo 338.º: causar danos graves através de um ato que ponha em perigo a vida ou a segurança pessoal de terceiros (com uma pena máxima de prisão que pode ir até dois anos ou uma multa que pode ir até 1.000 rupias, ou ambas).

- As sanções por infração ou incumprimento de quaisquer regras ou instruções emitidas ao abrigo da Regra 133A das Regras da Aviação de 1939 (a regra ao abrigo da qual são emitidas as CAR) são puníveis com pena de prisão não superior a seis meses ou com coima não superior a 200 000 rupias, ou ambas.

5.8 Elaboração do orçamento

5.8.1 O quadro 5.1 apresenta os pormenores do custo da componente única

Components Used	Specifications	Cost (Rs)
1000kv	RC Brushless motor 2212 1000kv	499/- (*4)
Brushless Motors	Multirotor Brushless motor 2212 920kv	611/- (*4)
30 AMP ESC	NVENTO 30A ESC 30Amp Brushless Electronic speed controller for F450 Quadcopter	899/- (*1)
	Electronic speed controller (30 amp)	360/-(*1)
	30A BLDC ESC - Brushless Motor Speed Controller	295/-(*1)
5200 mAh battery	Orange 5200mAh 3S 40C/80C Lithium polymer battery Pack (LiPo)	4149/- (*2)
	Skycell 11.1V 3S 5200MAH 25C (LIPO) lithium polymer rechargeable battery	3587/- *(2)
Low voltage buzzer alarm	BX100 1-8S LIPO battery voltage tester/ low voltage buzzer alarm/ battery voltage checker with dual speakers Top of Form	647/- (*1)
	2 x 2 in 1 Lipo Battery Low Voltage Tester 1S-8S Buzzer Alarm-	509/- (*1)
Flight controller board	Pixhawk PX4 2.4.8 32 bit flight controller board	5426/- (*1)
	Omnibus F4 V3 Flight Controller	1799/-(*1)
Transmitter and Receiver	Flysky FS-16 6CH 2.4ghz TX and RX	4782/-(*1)
	Flysky FS-16S 2.4ghz 10C AFHDS RC TX & RX	7078/-(*1)
Body Frame	Carbon fiber	1300/-(*1)

Quadro 5.1 : Custo dos componentes [79-81]

5.8.2 Assistência jurídica financeira

- Custo de registo - Rs 1000 por aeronave e é válido por 3 anos
- Processo UAOP - Rs 25000 por 5 anos e a taxa de renovação é de Rs 1000
- Taxa para o novo UIN necessário para a licença de operador de aeronave não tripulada (UAOP) - Rs 1000 (exceto para nano e micro drones)
- Taxa para uma nova UAOP - Rs 25000 válida por 5 anos

Capítulo 6
Resultados e discussão

O capítulo de resultados e discussão do nosso livro, centrado na higienização baseada em drones, fornece uma visão abrangente sobre a eficácia, os desafios e as implicações da utilização de drones para a desinfeção aérea. Através de uma experimentação rigorosa, análise de dados e discussão crítica, descobrimos descobertas valiosas que lançam luz sobre o potencial da higienização baseada em drones como uma solução viável para combater doenças infecciosas. Este resumo tem como objetivo destilar as principais conclusões e destacar as discussões críticas da nossa investigação, oferecendo uma compreensão diferenciada das oportunidades e limitações da higienização baseada em drones.

O nosso estudo começou por avaliar a eficácia de diferentes desinfectantes normalmente utilizados em operações de higienização com drones. Através de experiências controladas realizadas em vários ambientes, incluindo ambientes interiores e exteriores, comparámos a eficácia de soluções aquosas, formulações à base de álcool e concentrados químicos na erradicação de agentes patogénicos. Os nossos resultados revelaram que, embora todos os desinfectantes tenham demonstrado vários graus de eficácia, certas formulações, como os compostos à base de cloro e o peróxido de hidrogénio, apresentaram propriedades antimicrobianas superiores, alcançando taxas de redução de agentes patogénicos mais elevadas e tempos de contacto mais curtos.

Além disso, investigámos o impacto dos parâmetros de pulverização, como o tamanho das gotas, a densidade da pulverização e a configuração do bocal, na cobertura e uniformidade da dispersão do desinfetante. Utilizando técnicas de imagem avançadas e ferramentas de análise espacial, quantificámos a distribuição espacial das gotículas de desinfetante e avaliámos a sua penetração em diferentes tipos de superfícies, incluindo materiais porosos, superfícies irregulares e espaços confinados. Os nossos resultados indicaram que a otimização dos parâmetros de pulverização, como o tipo de bocal e o ângulo de pulverização, pode melhorar significativamente a cobertura e a eficácia da higienização baseada em drones, particularmente em ambientes difíceis ou de difícil acesso.

Para além de avaliar os aspectos técnicos da higienização baseada em drones, o nosso estudo examinou as considerações regulamentares, de segurança e éticas associadas à utilização de drones para desinfeção aérea. Realizámos uma revisão abrangente dos regulamentos, directrizes e melhores práticas existentes que regem as operações com drones em espaços públicos, instalações de cuidados de saúde e ambientes agrícolas. A nossa análise revelou um cenário regulamentar complexo e fragmentado, caracterizado por diferenças jurisdicionais, terminologia ambígua e normas em evolução. Identificámos as principais áreas a melhorar, tais como a harmonização dos regulamentos, a clarificação dos quadros de responsabilidade e o estabelecimento de directrizes claras para os operadores de drones e as partes interessadas.

Além disso, explorámos protocolos de segurança, estratégias de gestão de risco e orientações éticas destinadas a mitigar potenciais perigos e a garantir a utilização responsável e ética de drones para fins de higienização. Com base nas percepções das partes interessadas, incluindo operadores de drones, funcionários de saúde pública e representantes da comunidade, desenvolvemos recomendações para aumentar a conscientização sobre segurança, promover a transparência e fomentar a confiança do público em iniciativas de sanitização baseadas em drones. As nossas conclusões sublinharam a importância do envolvimento das partes interessadas, da sensibilização da comunidade e da tomada de decisões participativa na construção de consensos e na abordagem de preocupações relacionadas com a privacidade, o consentimento e a autonomia.

Além disso, o nosso estudo examinou as implicações económicas, sociais e ambientais da higienização baseada em drones, considerando factores como a relação custo-eficácia, a escalabilidade e a sustentabilidade. Através da análise de custo-benefício, avaliação do ciclo de vida e modelação de cenários, avaliámos a viabilidade económica e a pegada ambiental da higienização baseada em drones em comparação com os métodos tradicionais. Os nossos resultados indicaram que, embora os custos de investimento inicial para a infraestrutura e equipamento dos drones possam ser mais elevados, os benefícios a longo prazo, tais como a redução dos custos de mão de obra, a melhoria da eficiência e a minimização do impacto ambiental, compensaram as despesas iniciais.

o capítulo de resultados e discussão do nosso estudo sobre sanitização baseada em drones fornece informações valiosas sobre a eficácia, os desafios e as implicações da utilização de drones para a desinfeção aérea. Através de uma experimentação rigorosa, análise de dados e discussão crítica, elucidámos as principais conclusões que contribuem para a nossa compreensão das oportunidades e limitações da desinfeção baseada em drones. O nosso estudo destaca a necessidade de mais investigação, colaboração e inovação na otimização da tecnologia dos drones, melhorando os quadros regulamentares e abordando as preocupações da sociedade para realizar todo o potencial da higienização baseada em drones na salvaguarda da saúde pública e do bem-estar.

O principal objetivo deste projeto foi conceber e desenvolver um drone mais barato que possa ser utilizado para fins de higienização com maior eficiência. Neste projeto, o drone é um quadricóptero e um helicóptero hexagonal com asas rotativas. Para que o projeto e o desenvolvimento do drone sejam altamente eficientes, é necessário melhorá-lo até à sua extinção ou até ao nível de otimização. Devido ao seu peso leve e boa capacidade de carga, o material de fibra de carbono é o fundo mais adequado para o fabrico do drone. No software Solidworks, os componentes foram concebidos e ligados entre si para obter a montagem completa do quadricóptero e do hexacóptero, como mostra a figura. Estes drones são protótipos do modelo de hardware.

Quadcopter

Hexacóptero

Figura: 16 Drones modelados por software

No que respeita ao material do reservatório, o polietileno é preferido em relação a outros materiais devido às suas características básicas, ou seja, rentável, facilmente disponível, leve e seguro em termos de não transmitir qualquer tipo de produto químico para os materiais desinfectantes armazenados e compatível com as condições atmosféricas. Os bicos de PVC são seleccionados devido à sua fácil disponibilidade e à sua natureza menos corrosiva. Estes bicos têm de permitir um fluxo de líquidos (água/químicos) elevado, suave e não diminuído. O material selecionado também é capaz de reduzir a fricção do fluido e a resistência ao fluxo do líquido utilizado. Entre os vários desinfectantes disponíveis, o hipoclorito de sódio é selecionado para efeitos de desinfeção a um nível mais elevado.

Estudo baseado num questionário:

Foi realizado um inquérito nas zonas urbanas e rurais para saber até que ponto as pessoas estão conscientes da tecnologia de desinfeção por drones. Foi observado a partir do inquérito que as pessoas de ambas as áreas estão bem conscientes da higienização, mas não estão muito conscientes dos aspectos legais.

Figura 17: Aplicação do drone

Foi selecionada uma amostra de 150 pessoas para o inquérito. Observou-se que o drone tem diferentes aplicações, mas foi reconhecido pela sua aplicação na senitização, em comparação com outros domínios, como a filmografia, a fotografia, etc., como mostra a Fig.17.

Fig. 18. Aspeto jurídico da higienização de drones

Do mesmo modo, as pessoas estão altamente conscientes do aspeto jurídico dos drones na Índia. Uma amostra de 150 pessoas foi tida em conta para o inquérito. Observou-se que as pessoas estão conscientes da legalização da higienização dos drones, mas precisam de mais atenção porque uma quantidade bastante notável de pessoas não deu uma resposta positiva ao aspeto da legalização, como mostra a Fig. 18.

3. Do you think drone sanitization can be useful?

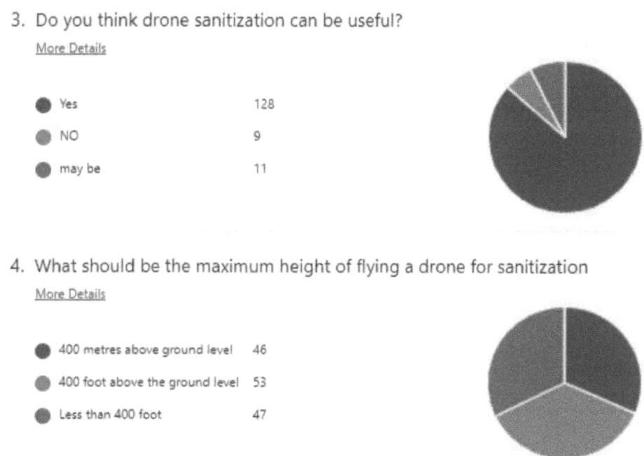

4. What should be the maximum height of flying a drone for sanitization

Fig. 19 Utilidade e altura do voo

Do mesmo modo, a higienização efectuada tem uma resposta positiva entre a população local da Índia, mas não é clara quanto à norma de altura de voo para a higienização. Foi tida em conta uma amostra de 150 pessoas para o inquérito. Observou-se que as pessoas pensam que os drones são úteis para a higienização, mas não são muito claras ou têm dúvidas quanto ao fator altura, como mostra a Fig. 19.

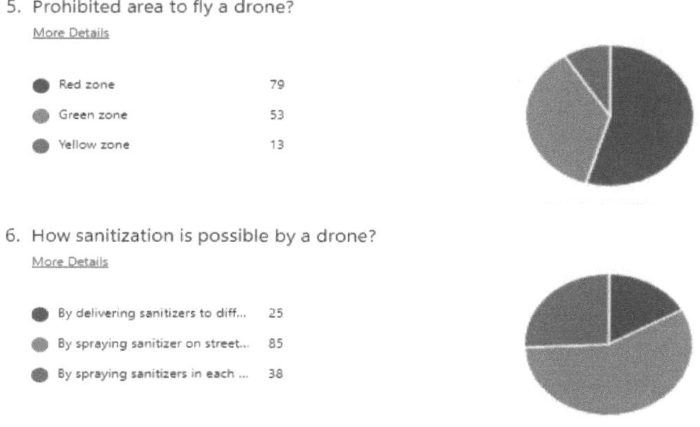

Figura 20. Zona de voo vermelho e métodos de higienização

No entanto, por outro lado, a aplicação feita também tem alguns deméritos ou restrições de acordo com a autoridade de uma nação. Por outras palavras, as zonas proibidas para voar com drones também devem ser consideradas desta vez. Observou-se que as pessoas têm menos consciência da zona vermelha para voar, pelo que deve ser necessário ter em conta este tipo de coisas, como se mostra na Fig. 20. Da mesma forma, a Fig. 20 também destacou o método de higienização dos drones, parecendo que as pessoas preferem a pulverização a outros métodos.

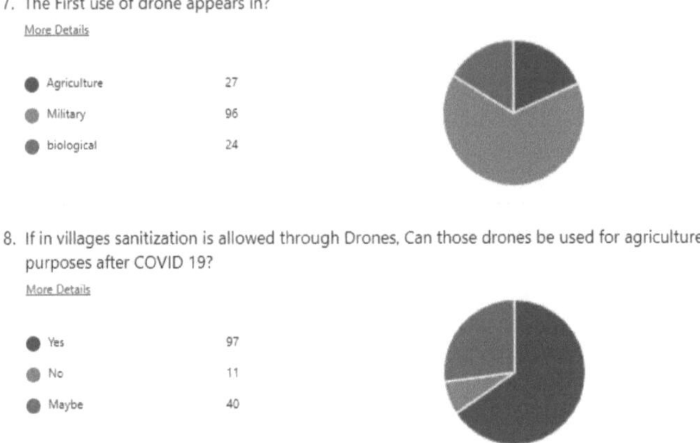

Figura 21 Elevada utilização de drones e cenário pós Covid 19 na agricultura

Da mesma forma, as pessoas têm em mente que o máximo de drones é utilizado para fins militares em comparação com outras aplicações, no entanto, as aplicações agrícolas e a sensibilização estão a aumentar de dia para dia com algumas outras aplicações, como as biológicas, etc. No entanto, as pessoas preferem o drone para a higienização dos seus campos após a pandemia de covid-19, o que parece indicar que as pessoas estão muito conscientes da tecnologia mais recente e estão a tentar mudar os métodos tradicionais, como mostra a Fig. 21.

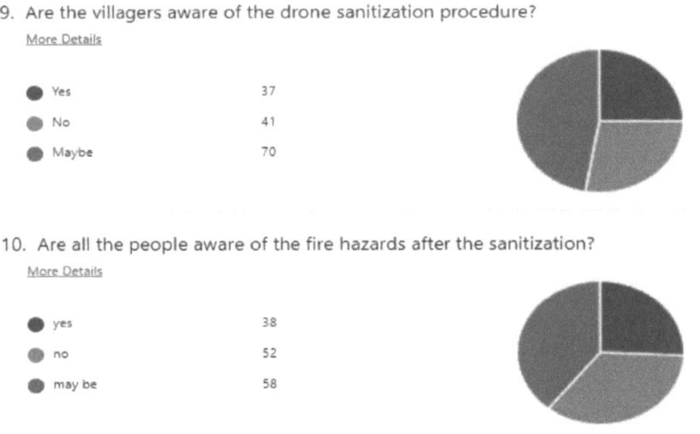

Figura 22. Sensibilização para o procedimento de voo e para o risco de incêndio

Por fim, observou-se que as pessoas estão conscientes da tecnologia, mas não estão familiarizadas com o procedimento de voo do drone, como mostra a Fig. 22. Também foi observado que uma grande quantidade de pessoas não está ciente do risco de incêndio após a higienização do drone, como mostra a Fig. 22. Por isso, era necessário que a autoridade e o representante dos agricultores ou aldeões reduzissem as lacunas até um limite altamente admissível.

Capítulo 7
Conclusão

Como resultado da pandemia da COVID-19, tem havido muitos relatos de esforços de base utilizando drones de pulverização agrícola para a higienização de espaços públicos. Neste projeto, foram propostos e modelados designs de drones, ou seja, Quad e Hexa-copter, utilizando o software comercial Solid Works para fins de higienização. Como a preocupação do mercado, diferentes tipos de drones estão disponíveis a custos variáveis. O nosso objetivo era fabricar o drone a um preço muito baixo e com melhor eficiência do que o drone disponível. O nosso estudo recomendou que, depois de mudar o material de fabrico, o material do bocal, o depósito e a bateria, o preço do drone pode ser alterado sem afetar a eficiência. Em segundo lugar, a extensa literatura indica claramente que a aplicação de drones para fins de higienização não é excessiva ou negligenciável em comparação com a agricultura (pulverização de pesticidas, etc.). Devido à fácil disponibilidade a preços mais baixos, o drone pode ter amplas oportunidades no domínio da higienização ou ser útil para combater situações como a COVID-19. Em conclusão, a utilização de drones para fins de higienização, particularmente na dispersão de desinfectantes utilizando bicos e materiais de depósito adequados, representa um avanço significativo nas práticas de saúde pública e saneamento. Ao longo desta discussão, explorámos os vários aspetos da higienização baseada em drones, destacando os seus benefícios, desafios e potenciais implicações para enfrentar as crises de saúde contemporâneas, como a pandemia da COVID-19. Aproveitando a agilidade, a eficiência e a precisão dos drones, combinados com equipamentos e materiais adequados, os esforços de higienização podem ser melhorados em termos de cobertura, eficácia e segurança.

A utilização de drones equipados com bicos adequados para a dispersão de desinfectantes oferece várias vantagens em relação aos métodos de higienização convencionais. Estas incluem a capacidade de cobrir grandes áreas de forma rápida e uniforme, alcançando terrenos inacessíveis ou perigosos, e minimizando a exposição humana a produtos químicos potencialmente nocivos. Ao automatizar o processo de pulverização, os drones reduzem a dependência do trabalho manual, melhoram a eficiência operacional e permitem que os esforços de higienização sejam aumentados ou reduzidos conforme necessário. Além disso, a utilização de drones para desinfeção aérea minimiza a contaminação ao nível do solo e o impacto ambiental, alinhando-se com os objectivos de sustentabilidade e reduzindo o risco de riscos secundários para a saúde.

A seleção de bicos e materiais de tanque adequados para dispersar e conter desinfectantes é fundamental para a eficácia da desinfeção com drones. A escolha do desenho dos bicos influencia factores como o tamanho das gotas, o padrão de pulverização e a área de cobertura, afectando assim a eficiência e a eficácia das operações de higienização. Os bicos capazes de produzir gotas finas garantem uma dispersão e penetração óptimas dos desinfectantes, atingindo as superfícies com maior precisão e cobertura. Além disso, os bicos ajustáveis ou intermutáveis permitem flexibilidade na adaptação das características da pulverização a diferentes condições ambientais e áreas-alvo.

Além disso, a seleção dos materiais dos tanques para armazenar desinfectantes em tanques montados em drones é fundamental para garantir a compatibilidade química, a durabilidade e a segurança. As cisternas construídas a partir de materiais resistentes à corrosão, como o polietileno de alta densidade (HDPE) ou o aço inoxidável, oferecem uma contenção robusta para vários tipos de desinfectantes, incluindo soluções aquosas, formulações à base de álcool ou concentrados químicos. A conceção de tanques montados em drones também deve considerar factores como a distribuição do peso, a estabilidade e a facilidade de reabastecimento ou limpeza para otimizar a eficiência operacional e o desempenho do voo.

Apesar dos inúmeros benefícios da higienização baseada em drones, vários desafios e considerações merecem atenção. Estes incluem a conformidade regulamentar, protocolos de segurança, avaliações de impacto ambiental e aceitação pública. Os quadros regulamentares que regem a operação de drones para fins de higienização têm de ser desenvolvidos e implementados para garantir a adesão a normas de segurança, regulamentos do espaço aéreo e directrizes de proteção ambiental. Além disso, são necessárias avaliações de risco abrangentes e estudos de impacto para avaliar as potenciais consequências da desinfeção aérea na saúde humana, nos ecossistemas e na biodiversidade.

Além disso, abordar as preocupações e percepções do público em relação à higienização baseada em drones é essencial para criar confiança e aceitação entre as partes interessadas. A comunicação transparente, o envolvimento da comunidade e os processos participativos de tomada de decisões podem ajudar a aliviar os receios e as ideias erradas sobre a utilização de drones para pulverizar desinfectantes. Além disso, a colaboração entre agências governamentais, parceiros da indústria, investigadores académicos e organizações da sociedade civil é crucial para desenvolver as melhores práticas, partilhar conhecimentos e promover a inovação em iniciativas de sanitização baseadas em drones.

Olhando para o futuro, o futuro da desinfeção baseada em drones usando bicos adequados e materiais de tanque é uma promessa imensa para o avanço das práticas de saúde pública e saneamento em todo o mundo. São necessários esforços contínuos de investigação e desenvolvimento para aperfeiçoar as tecnologias dos drones, otimizar os sistemas de pulverização e melhorar os protocolos de desinfeção para várias aplicações e ambientes. Além disso, o investimento em programas de formação, iniciativas de capacitação e mecanismos de transferência de tecnologia podem capacitar as comunidades locais e os profissionais de saúde para aproveitarem eficazmente as ferramentas de desinfeção baseadas em drones.

Em conclusão, a integração de drones em estruturas de saneamento representa uma mudança de paradigma na forma como abordamos a prevenção de doenças, a resposta a surtos e a gestão ambiental. Ao aproveitar as capacidades dos drones, combinadas com equipamentos e materiais adequados, podemos melhorar a eficiência, a eficácia e a sustentabilidade dos esforços de saneamento, contribuindo, em última análise, para comunidades mais saudáveis, seguras e resilientes em todo o mundo. À medida que navegamos pelas complexidades dos desafios da saúde pública no século XXI, a utilização de drones para a desinfeção aérea está preparada para desempenhar um papel vital na definição do futuro da saúde e do saneamento a nível mundial.

Referência

1. H. Przybilla e W.Wester-Ebbinghaus, "Bildflug mit ferngelenktem Kleinflugzeug" *Bildmessung und Luftbildwessen*.47 (1979); 137-142.

2. **W.**Wester-Ebbinghaus, "Aerial photography by radio controlled model helicopter" *The Photogrammetric Record*. 10(1980); 85-92.

3. S.G. Gupta, M.M. Ghonge e P.M. Jawandhiya, "Revisão do sistema de aeronaves não tripuladas (UAS)" *Tecnologia*. 2(4); (2013).

4. Ministério da Defesa do Reino Unido, Joint Doctrine Note 2/11 the UK Approach to unmanned aircraft systems, Ministério da Defesa do Reino Unido, Centro de Desenvolvimento, Conceitos e Doutrina, SWINDON, Wiltshire, 2011.B

5. R.J. Bachmann, F.J. Boria, R. Vaidyanathan, P.G. Ifju e R.D. Quinn, "A biologically inspired micro-vehicle capable of aerial and terrestrial locomotion" *Mechanism and Machine Theory*. 44(2009); 513-526.

6. M. Hassanalian, H. Khaki e M. Khosrawi, "Um novo método para o projeto de um microveículo aéreo de asa fixa" *Proceedings of the Institution of Mechanical Engineers*. 229(2014); 837-850.

7. A.C. Watts, V.G. Ambrosia e E.A. Hinkley, "Unmanned aircraft systems in remote sensing and scientific research: classification and considerations of use" *Remote Sensing*. 4(6); (2012), 1671-1692.

8. D.Floreano e R.J.Wood, "Science, technology and the future of small autonomous drones" *Nature*. 521 ;(2015), 460-466.

9. L. Brooke-Holland, "Unmanned Aerial Vehicles (drones): An Introduction", Biblioteca da Câmara dos Comuns, Reino Unido, 2012.

10. R.E. Weibel e R.J. Hansman, "Safety considerations for operation of different classes of UAVs in the NAS" *Proceedings of the 4th Aviation Technology, Integration and Operations Forum, AIAA 3rd Unmanned Unlimited Technical Conference, Workshop and Exhibit,* setembro de 2004.

11. N. Homainejad e C. Rizos, "Aplicação de múltiplas categorias de Sistemas de Aeronaves Não Tripuladas (UAS) em diferentes espaços aéreos para monitoramento e resposta a incêndios florestais*" Arquivos Internacionais de Fotogrametria, Sensoriamento Remoto e Ciência da Informação Espacial*. 40(1) ;(2015), 45-55.

12. M. Hassanalian, A. Abdelkefi, M. Wei e S. Ziaei-Rad, "Uma nova metodologia para o dimensionamento de asas de micro veículos aéreos de asas flexíveis bio-inspirados:

teoria e protótipo" *Ata Mechanica*. (2016). http://dx.doi.org/10.1007/s00707-016-1757-4v.

13. B. Zakora e A. Molodchick, "Classification of UAV (Unmanned Aerial Vehicle), Retrieved from ⟨http://read.meil.pw.pl/abstracts/Student Abstract _Zakora_ Molodchik.pdf⟩ , 2014.

14. D. Floreano e R.J. Wood, "Science, technology and the future of small autonomous drones" *Nature*. 521(7553) ;(2015), 460-466.

15. A. Cavoukian, "Privacy and Drones: Unmanned Aerial Vehicles, comissário para a informação e a privacidade do Ontário", Canadá, 2012, 1-30.

16. G. Cai, J. Dias e L. Seneviratne, "A survey of small-scale unmanned aerial vehicles: recent advances and future development trends" *Unmanned System*. 2(02);(2014),175–199.

17. R. Austin, "Unmanned Aircraft Systems: UAVS Design, Development and Deployment" 54, John Wiley & Sons, 2011.

18. H. Romero, R. Benosman e R. Lozano, "Stabilization and location of a four rotor helicopter applying vision" *American Control Conference, IEEE, Minneapolis, Minnesota, USA*, 14-16 June, 2006.

19. S. Pace, "X-planes: Pushing the Envelope of Flight" Zenith Imprint, 2003.

20. V. Singh, S.M. Skiles, J. Krager, C.C. Seepersad, K.L. Wood e D. Jensen, "Concept Generation and Computational Techniques Applied to Design for Transformation" *Proceedings of the 32nd Design Automation Conference, Philadelphia, PA,* 10-13 de setembro de 2006

21. A. Arjomandi, S. Agostino, M. Mammone, M. Nelson e T. Zhou, "Classification of Unmanned Aerial Vehicle, Relatório para a aula de Engenharia Mecânica, Universidade de Adelaide" Austrália, 2006.

22. A.G. Festo e K.G. Co, Bionic LearningNetwork, ⟨http://www.festo.com/cms/de-de/ 4981.htm⟩ , (acedido em .06.09), 2009

23. Wikipédia, "Wikipédia de veículos não rebocados, a enciclopédia livre", 2018

24. T. Tozer e D. Grace, "High-altitude platforms for wireless communications", *Electronics & Communication Engineering Journal*. 13(3);(2001),127–137.

25. A. Al-Hourani, S. Kandeepan, e A. Jamalipour, "Modelação da perda de trajetória ar-solo para plataformas de baixa altitude em ambientes urbanos" *Conferência Global das Comunicações, IEEE,* 2014.

26. Fonte: Gabinete de Prestação de Contas do Governo dos EUA, Nonproliferation: Agencies Could Improve Information Sharing and End-Use Monitoring on Unmanned Aerial Vehicle Exports (Washington, DC: julho de 2012),

27. S.Lee e Y.Choi, "Revisões das tendências tecnológicas dos veículos aéreos não tripulados (drones) e suas aplicações na indústria mineira" *Geosystem Engineering.* 19(4);(2016), 197-204.

28. G. Albeaino, M. Gheisari e B.W. Franz, "Uma revisão sistemática das áreas e tecnologias de aplicação de veículos aéreos não tripulados no domínio da AEC" *Journal of Information Technology in Construction.* 24 ;(2019), 381-405.

29. A. Claesson, L. Svensson e P. Nordberg, "Drones may be used to save lives in out of hospital cardiac arrest due to drowning" *Resuscitation.* 114 ;(2017), 152-156.

30. M. Balasingam, "Drones in medicine-the rise of the machines", *International Journal of Clinical Practice.* 71(9);(2017), e ID e12989.

31. T. Amukele, P. M. Ness, A. A. Tobian, J. Boyd e J. Street, "Drone transportation of blood products," *Transfusion.* 57(3);(2017),582–588.

32. J. B. Rosser Jr., B. C. Parker e V. Vignesh, "Aplicações médicas de drones para alívio de desastres: uma revisão da literatura", *Surgical Technology International.* 33(2018),17-22.

33. J. Braun, S. D. Gertz e A. Furer, "O futuro promissor dos drones no atendimento médico pré-hospitalar e sua aplicação à medicina do campo de batalha", *Journal of Trauma and Acute Care Surgery.* 87 ;(2019),S28-S34.

34. H. Slim (2015). Ética humanitária: Um guia para a moralidade da ajuda na guerra e na catástrofe. Oxford: Oxford University Press.

35. K. Nonami, "Prospect and Recent Research & Development for Civil Use Autonomous Unmanned Aircraft as UAV and MAV" *Journal of System Design and Dynamics.* 1(2);(2007),120-128.

36. J. Bendig, A. Bolten, e G. Bareth, "Introducing a low-cost mini-UAV for thermal-and multispectral-imaging." *International Archives of the Photogrammetry, Remote Sensing and Spatial Information Sciences.* 39 ;(2007), 345-349.

37. D.Anthony, S.Elbaum, A.Lorenz e C.Detweiler "On crop height estimation with UAVs." *Conferência Internacional IEEE/RSJ sobre Robôs e Sistemas Inteligentes,* 2014

38. Y. Huang, W.C. Hoffmann, Y. Lan, W. Wu e B.K. Fritz, "Development of a spray system for an unmanned aerial vehicle platform" *Applied Engineering in Agriculture.* 25(6);(2009),803-809.

39. B.Berner e J.Chojnacki, "Utilização de Drones na Proteção das Culturas". *IX Simpósio Científico Internacional, Lublin, Polónia,* 2017

40. S.Lee e Y. Choi, "Revisões de tendências tecnológicas de veículos aéreos não tripulados (Drone) e suas aplicações na indústria de mineração" *Engenharia de Geossistemas.* 18;(2016),10-18.

41. M. Heutger, Unmanned Aerial Vehicle in Logistics: A DHL Perspective on Implications and use Cases for the Logistics Industry, DHL Customer Solutions & Innovation, Troisdorf, Alemanha, 2014.

42. S. Waharte e N. Trigoni, "Supporting search and rescue operations with UAVs" *Emerging Security Technologies (EST) International Conference on, IEEE, Canterbury, Reino Unido,* 6-7 de setembro de 2010.

43. A.Giyenko e Y.I.Cho, "Intelligent Unmanned Aerial Vehicle Platform for Smart Cities" (Plataforma inteligente de veículos aéreos não tripulados para cidades inteligentes), *em Actas da 8ª Conferência Internacional Conjunta de Computação Suave e Sistemas Inteligentes (SCIS) de 2016 e do 17º Simpósio Internacional de Sistemas Inteligentes Avançados (ISIS), Sapporo, Japão,* 25-28 de agosto de 2016.

44. S.-R. Kim, W.-K. Lee, D.-A. Kwak, G. S. Biging, P. Gong e J.-H. Lee, "Forest cover classification by optimal segmentation of high resolution satellite imagery" *Sensors.* 11;(2001),1943-1958.

45. S. Ward, J. Hensler, B. Alsalam e L. F. Gonzalez, "Autonomous UAVs wildlife detection using thermal imaging, predictive navigation and computer vision" (Deteção autónoma de vida selvagem por UAVs utilizando imagens térmicas, navegação preditiva e visão computacional), *Proceedings of the 2016 IEEE Aerospace Conference.*

46. PwC, "Global market for commercial applications of drone technology valued at over 127bn," (Mercado global para aplicações comerciais de tecnologia de drones avaliado em mais de 127 mil milhões)

47. T. Kelly, "The booming demand for commercial drone pilots," (Acedido em fevereiro de 2018).

48. 6Wresearch. "Mercado de UAV da Índia (2017-2023) - Tamanho, participação, tendência, previsão". 6Wresearch, www.6wresearch.com/industry-report/india-

unmanned-aerial-vehicle-uav-market-2017-2023-forecast-by-types-by-uav-range-applications-regions-competitive-landscape)

49. Anúncio público da ISRO: Aplicações da teledeteção baseada em veículos aéreos não tripulados (UAV) na região NE

50. https://economictimes.indiatimes.com/small-biz/startups/newsbuzz/drones-in-india

51. https://www.flipkart.com/rotobotix-1045-propeller-cw-ccw-pair-blue/p/itmekzf2sghqgsgc

52. https://www.flyrobo.in/hj-carbon-fiber-1045

53. https://www.flyrobo.in/A2212_1000KV_Brushless_Motor_For_RC_Airplane?tracking=5b853f18ae9a2

54. https://rcmumbai.com/650mm-carbon-fiber-hex-frame.html

55. https://www.quora.com/What- are-the-advantages-and-disa dvantages-of-aluminium

56. https://brainly.in/question/210 415

57.

58. https://sites.google.com/site/t   hekacassite/fibre/what-are-th   e-advantages-and-disadvant ages-of-fibra-de-vidro

59. https://www.kempner.co.uk/2   019/04/16/advantages-and-di   sadvantages-of-polypropylen e-blog/

60. https://www.google.co.in/amp /s/www.azom.com/amp/articl e.aspx%3fArticleID=421

61. https://www.christinedemerchant.com/carboncharacteristics.html

62. https://gharpedia.com/blog/characteristics-properties-glass-building-material/

63. https://www.thoughtco.com/copper-facts-chemical-and-physical-properties-606521

64. https://www.britannica.com/science/titanium

65. https://www.steelconstruction.info/Steel_material_properties

66. https://www.indiamart.com/aadhaargreensolutions/spray-nozzles.html

67. https://www.indiamart.com/aadhaargreensolutions/spray-nozzles.html

68. https://www.indiamart.com/aadhaargreensolutions/spray-nozzles.html

69. https://www.indiamart.com/aadhaargreensolutions/spray-nozzles.html

70. https://m.indiamart.com/proddetail/gun-type-spray-nozzle-16059464630.html

71. https://e3d-online.dozuki.com/Wiki/Nozzle_Materials

72. https://spraytec.com.au/nozzle-materials/

73. https://www.indiamart.com/aadhaargreensolutions/spray-nozzles.html

74. http://eim3d.com/venus

75. https://e3d-online.com/blog/2015/09/09/is-carbon-killing-your-nozzle/

76. https://www.indiamart.com/aadhaargreensolutions/spray-nozzles.html

77. Molinari JA, Gleason MJ, Cottone JA, Barrett ED. Comparação de desinfectantes de superfícies dentárias. Gen. Dent. 1987;35:171-5

78. W. A. Rutala, D. J. Weber.Centers for Disease Control and Prevention, National Center for Emerging and Zoonotic Infectious Diseases (NCEZID), Division of Healthcare Quality Promotion (DHQP) Guideline for Disinfection and Sterilization in Healthcare Facilities (2008).

79. Medicamentos Essenciais - Directrizes Práticas (MSF, 1993, 286 p.)

80. https://www electronicscomp.com

81. https://www.robu.in

82. https://www robokits.co.in

yes
I want morebooks!

Buy your books fast and straightforward online - at one of world's fastest growing online book stores! Environmentally sound due to Print-on-Demand technologies.

Buy your books online at
www.morebooks.shop

Compre os seus livros mais rápido e diretamente na internet, em uma das livrarias on-line com o maior crescimento no mundo! Produção que protege o meio ambiente através das tecnologias de impressão sob demanda.

Compre os seus livros on-line em
www.morebooks.shop

info@omniscriptum.com
www.omniscriptum.com

Printed by Books on Demand GmbH, Norderstedt / Germany